Normen richtig lesen und anwenden

Jetzt diesen Titel zusätzlich als E-Book downloaden und 70 % sparen!

Als Käufer dieses Buchtitels haben Sie Anspruch auf ein besonderes Kombi-Angebot: Sie können den Titel zusätzlich zum Ihnen vorliegenden gedruckten Exemplar für nur 30 % des Normalpreises als E-Book beziehen.

Der BESONDERE VORTEIL: Im E-Book recherchieren Sie in Sekundenschnelle die gewünschten Themen und Textpassagen. Denn die E-Book-Variante ist mit einer komfortablen Volltextsuche ausgestattet!

Deshalb: Zögern Sie nicht. Laden Sie sich am besten gleich Ihre persönliche E-Book-Ausgabe dieses Titels herunter.

In 3 einfachen Schritten zum E-Book:

❶ Rufen Sie die Website **www.beuth.de/e-book** auf.

❷ Geben Sie hier Ihren persönlichen, nur einmal verwendbaren E-Book-Code ein:

30361A03B2FDKAC

❸ Klicken Sie das „Download-Feld“ an und gehen dann weiter zum Warenkorb. Führen Sie den normalen Bestellprozess aus.

Hinweis: Der E-Book-Code wurde individuell für Sie als Erwerber dieses Buches erzeugt und darf nicht an Dritte weitergegeben werden. Mit Zurückziehung dieses Buches wird auch der damit verbundene E-Book-Code für den Download ungültig.

Normen richtig lesen und anwenden

Leticia de Anda González

Normen richtig lesen und anwenden

Erläuterung anhand von Beispielen

2. Auflage 2021

Herausgeber:
DIN Deutsches Institut für Normung e. V.

Beuth Verlag GmbH · Berlin · Wien · Zürich

Herausgeber: DIN Deutsches Institut für Normung e. V.

Berlin · Wien · Zürich
Saatwinkler Damm 42/43
13627 Berlin

Telefon: +49 30 2601.0
Telefax: +49 30 2601.1260
Internet: www.beuth.de
E-Mail: kundenservice@beuth.de

Titelbild: © Wolfram Fritz, Falkensee

Satz: Beuth Verlag GmbH, Berlin

Druck: PLUMP Druck & Medien GmbH, Rheinbreitbach

Gedruckt auf säurefreiem, alterungsbeständigem Papier nach DIN EN ISO 9706

ISBN 978-3-410-30361-9
ISBN (E-Book) 978-3-410-30362-6

Vorwort

DIN bietet vielerlei Hilfestellung beim Verstehen der Normung. Neue Expert*innen in den Arbeitsausschüssen erhalten beispielsweise die Möglichkeit, sich innerhalb des Seminars „Basiswissen für Normung“ die Grundkenntnisse für ihre Arbeit in den Arbeitsausschüssen anzueignen. Die Literatur vom Beuth Verlag (wie z. B. Pockets), die umfangreiche und leicht zugängliche Internetpräsenz von DIN sowie die fortlaufende Verbesserung der Normenpraxis durch den gleichnamigen Ausschuss sind weitere Beispiele für das Vermitteln des Bereiches Normung und seiner Tätigkeiten. Nicht zuletzt sind die Mitarbeiter*innen von DIN zu nennen, die mit ihrem profunden Wissen zum Gelingen und Verstehen des Normungsprozesses beitragen und bei Fragen gerne behilflich sind.

Im Verlauf meiner Arbeit in meinen Gremien und in meinen Seminaren traten immer wieder Fragen zum Anwenden und Lesen einer Norm auf. Während die meisten meiner Expert*innen professionelle Normer*innen geworden sind, so kommen doch immer wieder neue Expert*innen hinzu, für die eine kurze Einführung hilfreich ist.

Diese zweite Ausgabe ist durch wertvolle Hinweise seitens meiner Expert*innen ergänzt worden, und sollte mittels der neuen Struktur nachvollziehbarer sein.

Einleitung

Dieses DIN-Pocket ist so aufgebaut, dass am Anfang mithilfe der Vermittlung von Basiswissen das Verständnis für Normen geweckt werden soll. Dieses beinhaltet die Abschnitte zur Erarbeitung und Definition einer Norm sowie den Aufbau einer Norm.

Das Lesen einer Norm orientiert sich am üblichen Aufbau einer Norm und erklärt schrittweise deren wesentliche Elemente. Das nachfolgende Bild dient dabei als Orientierungshilfe, dessen Elemente in den nachfolgenden Kapiteln erklärt werden.

	Ebene (Normungsorganisation)		
	National	**Europäisch**	**International**
Normungs-organisation	DIN Deutsches Institut für Normung e.V.	CEN Comité Européen de Normalisation	ISO International Organization for Standardization
Buchstaben-kürzel, die das Normenwerk kennzeichnen	DIN	**EN**	ISO
Übernommenes Normen-dokument	DIN EN ←	EN	–
	DIN EN ISO ←	EN ISO ←	ISO
	DIN ISO ← - - -	- - -	ISO

Dem Lesen einer Norm folgt die Betrachtung von Sonderformen. Diesem schließen sich der Abschnitt über rechtliche Aspekte sowie weiterführende und nützliche Hinweise an.

Inhaltsverzeichnis

1 Was ist eine DIN-Norm?

1.1 Allgemeines

Deutsche Normen werden unter der Bezeichnung **DIN** vom Deutschen Institut für Normung (DIN) herausgegeben und bilden das „Deutsche Normenwerk“. Hierunter dürfen auch Normen in das Deutsche Normenwerk aufgenommen werden, die von der europäischen (CEN) oder internationalen Normungsorganisation (ISO) erstellt worden sind (z. B. DIN EN, DIN ISO, DIN EN ISO). Das Deutsche Normenwerk ist somit die Gesamtheit der von DIN herausgegebenen Deutschen Normen.

Im Gegensatz zur Normung – die gekennzeichnet ist durch eine planmäßige, durch die interessierten Kreise gemeinschaftlich im Konsens durchgeführte Vereinheitlichung von materiellen und immateriellen Gegenständen zum Nutzen der Allgemeinheit – ist die **Standardisierung** eine technische Regelsetzung ohne zwingende Einbeziehung aller interessierten Kreise und ohne die Verpflichtung zur Beteiligung der Öffentlichkeit. DIN ist ebenfalls in der Standardisierung aktiv. Spezifikationen von DIN (DIN SPEC) sind Ergebnisse einer Standardisierung und nicht Teil des Deutschen Normenwerks. Ebenfalls nicht Teil des Deutschen Normenwerkes sind Beiblätter. Beiblätter enthalten Informationen zu Normen, jedoch keine zusätzlichen normativen Festlegungen.

Der Unterschied zwischen DIN-Normen und Spezifikationen wird anhand des Konsensgrades und der Entwicklungszeit deutlich.

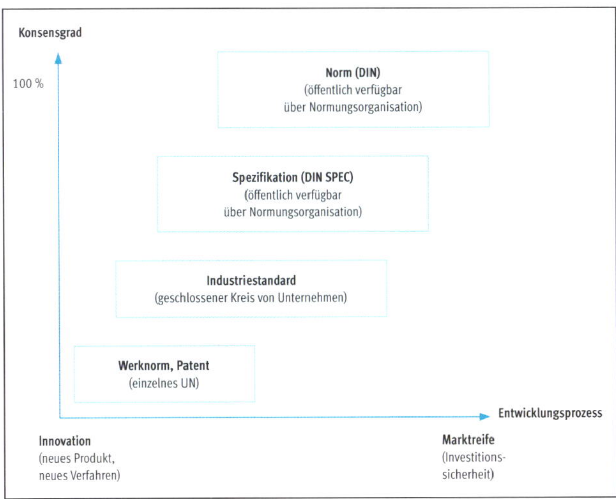

Bild 1: Grad des Konsens

Gut zu wissen

Die Anwendung von Normen ist grundsätzlich freiwillig. Sie werden bindend, wenn sie Gegenstand von Verträgen zwischen Parteien sind oder wenn der Gesetzgeber ihre Einhaltung zwingend vorschreibt. So verweist der Staat zur Erfüllung grundlegender Anforderungen in Gesetzestexten u. a. auf DIN-Normen. Bei einem Rechtsstreit vor Gericht kann einer Norm der „Beweis des ersten Anscheins" (Beweislastumkehr) zugebilligt werden.

1.2 Normenarten

Die folgenden Fachausdrücke und Definitionen von Normenarten nach DIN EN 45020:2007-03 sollen dabei helfen, Normen in der Praxis voneinander zu unterscheiden. Sie stellen keine systematische Klassifikation oder umfassende Liste aller möglichen Arten von Normen und geben nur einige übliche Normenarten an, die einander nicht gegenseitig ausschließen.

1) Dienstleistungsnorm

Norm, die Anforderungen festlegt, die durch eine Dienstleistung erfüllt werden müssen, um deren Zweckdienlichkeit sicherzustellen [...].

2) Grundnorm

Norm, die ein weit reichendes Anwendungsgebiet hat oder allgemeine Festlegungen für ein bestimmtes Gebiet enthält. Mitunter dient sie als Basis für andere Normen.

ANMERKUNG Eine Grundnorm kann als Norm zur direkten Anwendung oder als Basis für andere Normen dienen.

3) harmonisierte Normen[1]

Innerhalb dieser Definition können harmonisierte Normen unterschieden werden u. a. in vereinheitlichte Normen, international harmonisierte Normen und regional harmonisierte Normen. Der Begriff „harmonisierte Norm" hat sich jedoch in der Praxis etabliert als Norm zum selben (Normungs-)Gegenstand, die von verschiedenen normenschaffenden Institutionen angenommen wurde und die Austauschbarkeit von Produkten, Prozessen und Dienstleistungen oder die gegenseitige Verständlichkeit von Prüfergebnissen oder Informationen, die entsprechend diesen Normen gegeben werden, sicherstellt.

1 eigene Definition

1. ANMERKUNG Vereinheitlichte Normen sind harmonisierte Normen, die einander inhaltlich völlig gleichen, in der Gestaltung jedoch voneinander abweichen.

2. ANMERKUNG International harmonisierte Normen sind Normen, die mit einer internationalen Norm harmonisiert sind.

3. ANMERKUNG Regional harmonisierte Normen sind Normen, die mit einer regionalen Norm harmonisiert sind.

4) mandatierte Norm[2]

Europäisch harmonisierte Norm, die im Normungsauftrag (Mandat) der Europäischen Kommission und des EFTA-Sekretariats an CEN, CENELEC oder ETSI erarbeitet wurde und die die wesentlichen Anforderungen einer Europäischen Richtlinie unterstützt. Erst durch Eintragung der Europäischen Norm durch die Europäische Kommission in das Amtsblatt der Europäischen Union unter Nennung der jeweils zutreffenden Richtlinie wird die Europäische Norm zur harmonisierten Norm.

5) Produktnorm

Norm, die Anforderungen festlegt, die von einem Produkt oder einer Gruppe von Produkten erfüllt werden müssen, um deren Zweckdienlichkeit sicherzustellen.

1. ANMERKUNG Eine Produktnorm darf, zusätzlich zu den Zweckdienlichkeitsanforderungen, direkt oder durch Bezugnahme, auch andere Aspekte umfassen, wie etwa Terminologie, Probenentnahme, Prüfung, Verpackung, Etikettierung und, fallweise, auch Anforderungen an die (Herstellungs-)Prozesse.

2. ANMERKUNG Eine Produktnorm kann für ein bestimmtes Produkt entweder vollständig und umfassend sein oder nicht, je nachdem, ob sie alle oder nur einen Teil der notwendigen Anforderungen festlegt. In dieser Hinsicht kann man zwischen Abmessungsnormen, Werkstoffnormen und Liefernormen (Normen mit technischen Lieferbedingungen) unterscheiden.

6) Prüfnorm

Norm, die sich mit Prüfverfahren beschäftigt, wobei diese fallweise durch andere Festlegungen ergänzt sind, die sich auf die Prüfung beziehen, wie etwa Probenentnahme, Anwendung statistischer Methoden, Reihenfolge der einzelnen Prüfungen.

7) Terminologienorm

Norm, die sich mit Benennungen beschäftigt, die üblicherweise mit ihren Definitionen und manchmal mit erläuternden Bemerkungen, Bildern, Beispielen und Ähnlichem mehr versehen sind.

2 eigene Definition

8) Verfahrensnorm

Norm, die Anforderungen festlegt, die durch Verfahren erfüllt werden müssen, um deren Zweckdienlichkeit sicherzustellen.

1.3 Erarbeitung einer Norm

Die fachliche Erarbeitung eines Normungsvorhabens „Normungsprojektes" wird bei DIN durch ein Arbeitsgremium geleistet, in dem die für das Fachgebiet notwendigen Experten (interessierten Kreise) mitarbeiten. Der Begriff Arbeitsgremium ist ein Oberbegriff für Arbeitsausschuss (AA), Unterausschuss (UA) und Arbeitskreis (AK). Dem Arbeitsgremium mittelbar oder unmittelbar darübergestellt ist der Normenausschuss (NA), der verantwortlich für die Normung auf seinem Fach- und Wissensgebiet und auch der Träger der Norm ist. Der Normenausschuss wird von einem Beirat gesteuert und ist für die nationale Normung auf seinem Arbeits- und Wissensgebiet verantwortlich.

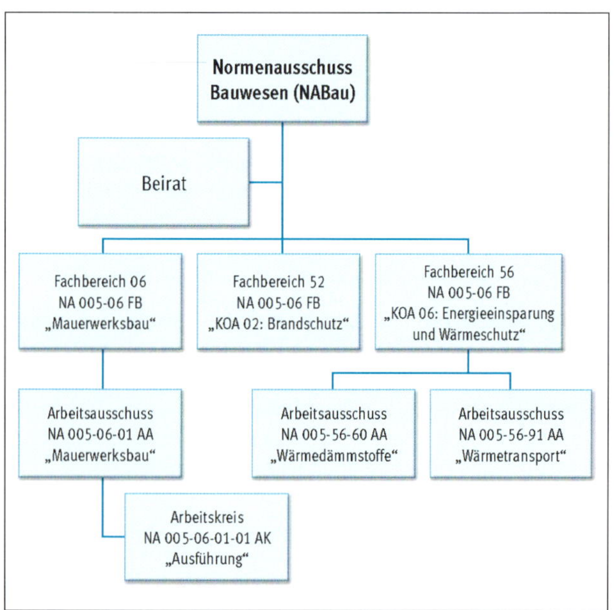

Bild 2: Beispiel eines Normenausschusses (Ausschnitt)

Für eine Norm können mehrere Normenausschüsse verantwortlich sein. In diesem Fall ist **ein** Normenausschuss der Federführende und damit Hauptträger der betreffenden Norm. Die an der Erarbeitung der Norm beteiligten weiteren Normenausschüsse sind als Mitträger mitverantwortlich für die Norm. Der Hauptträger wird als Erster auf der Titelseite genannt.

Im Bild 3 wird ein Beispiel der Trägerschaft gezeigt. Der erstgenannte Normenausschuss (in diesem Fall der Normenausschuss Bauwesen) ist der Hauptträger der Norm, der zweit- und drittgenannte (hier Normenausschuss Heiz- und Raumlufttechnik bzw. Normenausschuss Lichttechnik) sind Mitträger.

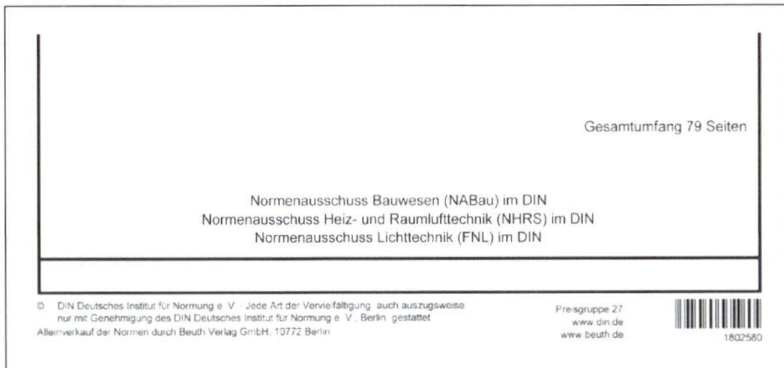

Gesamtumfang 79 Seiten

Normenausschuss Bauwesen (NABau) im DIN
Normenausschuss Heiz- und Raumlufttechnik (NHRS) im DIN
Normenausschuss Lichttechnik (FNL) im DIN

© DIN Deutsches Institut für Normung e. V. · Jede Art der Vervielfältigung, auch auszugsweise, nur mit Genehmigung des DIN Deutsches Institut für Normung e. V., Berlin, gestattet.
Alleinverkauf der Normen durch Beuth Verlag GmbH, 10772 Berlin

Preisgruppe 27
www.din.de
www.beuth.de

1802580

Bild 3: Beispiel der Trägerschaft in einer DIN-Norm

Bei der fachlichen Erarbeitung einer europäischen bzw. internationalen Norm können die nationalen Arbeitsgremien ebenfalls auf europäischer (CEN) und/oder internationaler (ISO) Ebene mitwirken und dadurch die deutschen Interessen einbringen. Die nationalen Arbeitsgremien werden in diesem Fall auch Spiegelausschüsse genannt, weil sie die Arbeit der europäischen/internationalen Ebene in ihr Arbeitsgremium und vice versa „spiegeln".

Tabelle 1: Normungsorganisationen

	Ebene (Normungsorganisation)		
	National	**Europäisch**	**International**
	DIN	**CEN**	**ISO**
Normungs-organisation	Deutsches Institut für Normung e. V.	Comité Européen de Normalisation	International Organization for Standardization

1.4 Unterschied zwischen einem Norm-Entwurf und einer DIN-Norm

1.4.1 Der Norm-Entwurf

Mit dem Norm-Entwurf zeigt das zuständige Arbeitsgremium, dass die an der Mitarbeit beteiligten Experten zu einem Normungsprojekt ihre Beratungen **vorläufig** abgeschlossen haben und den Entwurf der Öffentlichkeit zur Stellungnahme vorlegen.

Ein Norm-Entwurf ist nicht die endgültige Fassung einer Norm. Daher wird auf der Titelseite ein Anwendungswarnvermerk abgedruckt. Damit wird darauf hingewiesen, dass der Inhalt in der endgültigen Norm noch abweichen kann und die Anwendung eines Norm-Entwurfes – etwa zwischen Vertragsparteien – gesondert zu vereinbaren ist.

Anwendungswarnvermerk

Dieser Norm-Entwurf mit Erscheinungsdatum 2020-05-22 wird der Öffentlichkeit zur Prüfung und Stellungnahme vorgelegt.

Weil die beabsichtigte Norm von der vorliegenden Fassung abweichen kann, ist die Anwendung dieses Entwurfs besonders zu vereinbaren.

Stellungnahmen werden erbeten

- vorzugsweise online im Norm-Entwurfs-Portal von DIN unter www.din.de/go/entwuerfe bzw. für Norm-Entwürfe der DKE auch im Norm-Entwurfs-Portal der DKE unter www.entwuerfe.normenbibliothek.de, sofern dort wiedergegeben;
- oder als Datei per E-Mail an nasport@din.de möglichst in Form einer Tabelle. Die Vorlage dieser Tabelle kann im Internet unter www.din.de/go/stellungnahmen-norm-entwuerfe oder für Stellungnahmen zu Norm-Entwürfen der DKE unter www.dke.de/stellungnahme abgerufen werden;
- oder in Papierform an den DIN-Normenausschuss Sport- und Freizeitgerät (NASport), 10772 Berlin oder Saatwinkler Damm 42/43, 13627 Berlin.

Die Empfänger dieses Norm-Entwurfs werden gebeten, mit ihren Kommentaren jegliche relevanten Patentrechte, die sie kennen, mitzuteilen und unterstützende Dokumentationen zur Verfügung zu stellen.

Bild 4: Beispiel eines Anwendungswarnvermerks

1.4.1.1 Bekanntgabe von Entwürfen

Mithilfe des DIN-Anzeigers für technische Regeln in den DIN-Mitteilungen (https://www.din-mitteilungen.de/de/din-anzeiger) wird die Veröffentlichung von Entwürfen bekannt gegeben. Zusätzlich bieten die Internetseiten der einzelnen Normenausschüsse aktuelle Informationen über neue Projekte, Normen und auch Norm-Entwürfe an.

1.4.1.2 Kommentieren von Entwürfen

Norm-Entwürfe bieten der Öffentlichkeit die Möglichkeit, Stellung zum Inhalt zu nehmen. Das von DIN zur Verfügung gestellte Instrument des „Norm-Entwurfs-Portals" eignet sich zur Kommentierung.

Das Norm-Entwurfs-Portal ist über die Internetseite des DIN www.din.de oder direkt unter www.entwuerfe.din.de kostenfrei zugänglich. Nach einer kurzen Registrierung kann der Nutzer den Inhalt des jeweiligen Norm-Entwurfes einsehen und ggf. online Stellung nehmen.

Eine andere Möglichkeit der Stellungnahme ist die unter www.din.de/stellungnahme zur Verfügung gestellte Kommentartabelle, die direkt an den Normenausschuss eingereicht werden kann.

In beiden Fällen ist es wichtig, dass die Stellungnahme innerhalb der Einspruchsfrist eingereicht wird.

Gut zu wissen

Eine Norm bleibt bis zu ihrer Zurückziehung gültig und aktuell. Die Veröffentlichung eines neuen Norm-Entwurfes ändert nichts daran.

1.4.2 Die DIN-Norm

Mit der Veröffentlichung einer Norm zeigt das zuständige Arbeitsgremium, dass die an der Mitarbeit beteiligten Experten zu einem Normungsprojekt die aus der Öffentlichkeit eingegangenen Stellungnahmen behandelt und seine Beratungen abgeschlossen hat.

Eine Norm unterscheidet sich von dem Norm-Entwurf durch Wegfall folgender Angaben:

1) der Bezeichnung Entwurf;

2) der Einspruchsfrist;

3) Des Anwendungswarnvermerks.

Gegenüber dem Entwurf ist der Ersatzvermerk nun nicht mehr beabsichtigt, sondern verbindlich.

2 Unterschied zwischen einer DIN-Norm, DIN EN, DIN ISO und DIN EN ISO

Während die Erarbeitung eines Normungsvorhabens auf rein nationaler Ebene nur im nationalen Arbeitsgremium erarbeitet und sein Ergebnis eine reine **DIN-Norm** ist, besteht die Möglichkeit, auf europäischer (CEN) bzw. internationaler (ISO) Ebene ein Normungsvorhaben zu erarbeiten.

Das Ergebnis eines Normungsvorhabens kann auf nationaler, europäischer bzw. internationaler Ebene eine DIN, eine EN bzw. eine ISO sein.

Wurde ein Normungsprojekt auf europäischer Ebene (CEN) erarbeitet, wird es in das Deutsche Normenwerk als **DIN EN** übernommen und erhält damit Gültigkeit für Deutschland. Hintergrund ist die Übernahmeverpflichtung, Europäische Normen (ENs) in das Deutsche Normenwerk zu übernehmen. Weiterhin gilt die Verpflichtung, während und nach Erarbeitung einer Europäischen Norm keine anderslautenden bzw. entgegenstehenden nationalen Normen zu veröffentlichen (Stillhalteverpflichtung). Aus einer reinen Europäischen Norm (EN) wird dadurch eine DIN EN.

Eine DIN EN ist eine Europäische Norm, die in das Deutsche Normenwerk als deutsche Übersetzung aufgenommen wird. Dabei darf sie nicht verändert werden und muss wort- und formgetreu übernommen werden. Mitunter wird eine DIN EN auch in der englischen Übersetzung als DIN EN bereitgestellt. Dabei wird der Normentext aus der offiziellen englischen Sprachfassung der Europäischen Norm übernommen, und zusätzlich werden das Nationale Vorwort und gegebenenfalls vorhandene nationale Anhänge ins Englische übersetzt.

Der für das Normungsthema verantwortliche Spiegelausschuss trägt dafür Sorge, dass eine autorisierte Übersetzung der Europäischen (im Fall einer ISO auch der Internationalen) Norm bereitgestellt und in das Deutsche Normenwerk übernommen wird.

Wird ein Normungsprojekt auf internationaler Ebene (bei ISO) erarbeitet, wird es durch ISO als ISO-Norm publiziert. Im Gegensatz zur EN besteht für Deutschland keine Verpflichtung, eine reine ISO-Norm als **DIN ISO** in das Deutsche Normenwerk zu übernehmen. Unter Umständen existiert für ein gleiches Gebiet oder einen Normungsgegenstand, wie der Fachmann sagt, eine unterschiedliche DIN-Norm (bzw. DIN-EN-Norm) und ISO-Norm.

Wird eine ISO-Norm von CEN anerkannt, so wird dieses Dokument im ersten Schritt eine EN ISO und aufgrund der Übernahmeverpflichtung als **DIN EN ISO** in das Deutsche Normenwerk übernommen.

Tabelle 2: Übernahme einer Norm

Stufen	Ergebnis		
	National (DIN)	Europäisch (CEN)	International (ISO)
Erarbeitung nationale Norm	DIN	–	–
Erarbeitung Europäische Norm	–	EN	–
Übernahme einer Europäischen Norm[a]	DIN EN	–	–
Erarbeitung einer Internationalen Norm	–	–	ISO
Übernahme einer Internationalen Norm[a]	DIN ISO	–	–
Anerkennung einer Internationalen Norm durch CEN	–	EN ISO	–
Übernahme einer durch CEN anerkannten Internationalen Norm[a]	DIN EN ISO	–	–

[a] in das deutsche Normenwerk

Gut zu wissen

(1) Die Bezeichnung einer Europäischen Norm ist EN, jedoch veröffentlicht CEN keine EN-Normen. EN-Normen werden erst durch Übernahme der Mitgliedsländer in ihr Normenwerk erwerbbar.

(2) Europäische Normen und Europäische Norm-Entwürfe, die in anderen Sprachen als den drei offiziellen Sprachen von CEN/CENELEC veröffentlicht sind, nehmen den Rang von Übersetzungen ein, für die das entsprechende Mitglied verantwortlich ist. Sie haben den gleichen Status wie das Original, wenn sie von dem entsprechenden Mitglied beim CEN/CENELEC-Zentralsekretariat notifiziert worden sind [...].

Durch Übersetzung darf der Inhalt der Europäischen Norm weder erweitert noch eingeengt werden, d. h., der Inhalt muss in der Übersetzung unverändert und vollständig übernommen werden, einschließlich Inhaltsverzeichnis, Vorwort, Einleitung, Fußnoten, Tabellen, Bildern und Anhängen. (DIN 820-2:2020-03)

3 Aufbau einer Norm

3.1 Allgemeines

Eine DIN-Norm beinhaltet als erste Seite eine Titelseite und enthält in der zweiten Seite nationale Elemente (im Bild 5 verdeutlicht als a), b)).

Bei einer übernommenen EN in das Deutsche Normenwerk (sprich DIN EN) fügt sich nach der Titelseite und zweiten Seite der Text der Europäischen Norm an, beginnend mit dem europäischen Vorwort, dem EN-Text und ggf. den europäischen Anhängen (im Bild 5 verdeutlicht als c) bis e)).

Im Fall einer EN-ISO-Norm folgt nach dem europäischen Vorwort der ISO-Text.

Werden nationale Anhänge (NA) aufgenommen, so werden diese am Ende als nationale Elemente eingefügt (im Bild 5 verdeutlicht als f). Mitunter werden sie als Teil der zweiten Seite aufgenommen.

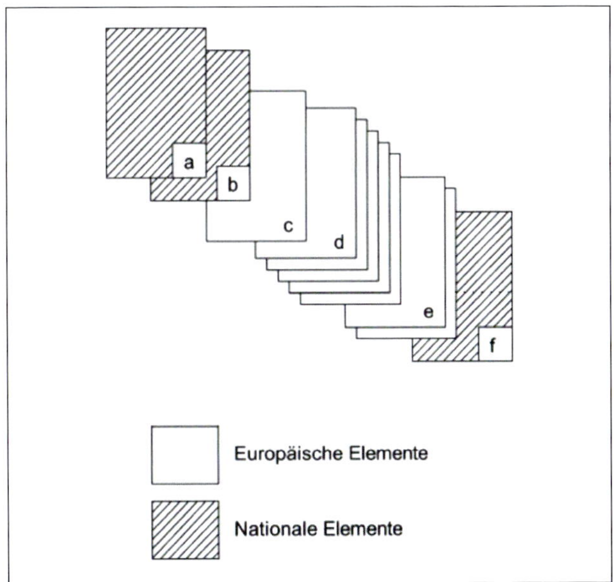

Bild 5: Gliederung der nationalen und europäischen bzw. internationalen Elemente

Die übliche Gliederung der Elemente in einem Dokument wird anhand der nachfolgenden Tabelle verdeutlicht:

Tabelle 3: Gliederung der Elemente in einem Dokument

Typ des Elements	Gliederung der Elemente in einem Dokument	Zulässiger Inhalt der(s) Elemente(s) in einem Dokument
Informativ einleitend	*Titelseite*	Titel
	Inhaltsverzeichnis	*(automatisch erzeugt)*
	Vorwort	**Text** Anmerkungen Fußnoten
	Einleitung	*Text* *Bilder* *Tabellen* *Anmerkungen* *Fußnoten*
Normativ allgemein	**Titel**	**Text**
	Anwendungsbereich	**Text** Bilder Tabellen *Anmerkungen* *Fußnoten*
	Normative Verweisung(en)	Verweisungen *Fußnoten*
Normativ technisch	Begriffe Symbole und Abkürzungen ... Normativer Anhang	Text Bilder Tabellen *Anmerkungen* *Fußnoten*
Informativ ergänzend	*Informativer Anhang*	*Text* *Bilder* *Tabellen* *Anmerkungen* *Fußnoten*
Normativ technisch	Normativer Anhang	*Text* *Bilder* *Tabellen* *Anmerkungen* *Fußnoten*
Informativ ergänzend	*Literaturhinweise*	*Verweisungen* *Fußnoten*
	Stichwortverzeichnisse	*(automatisch erzeugt)*

3.2 Beispiele von Titelblättern

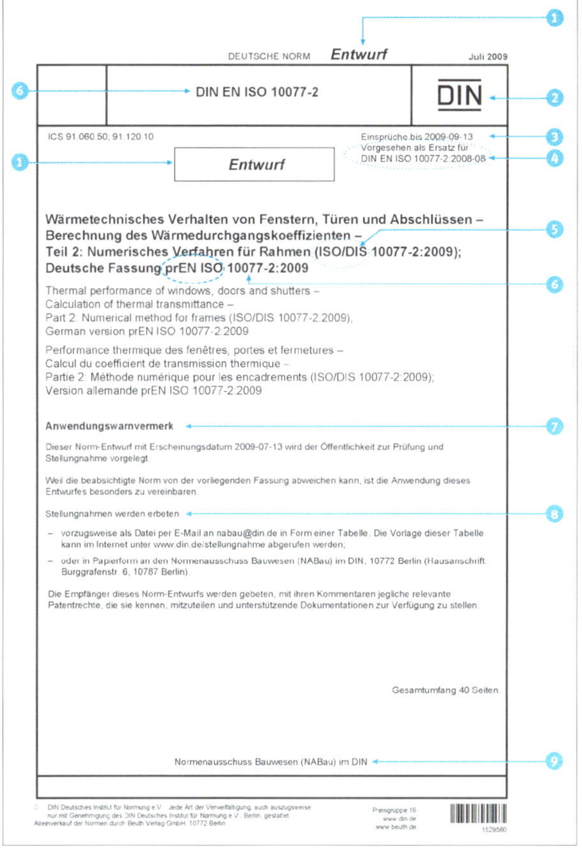

DEUTSCHE NORM *Entwurf* Juli 2009

DIN EN ISO 10077-2

DIN

ICS 91.060.50; 91.120.10

Einsprüche bis 2009-09-13
Vorgesehen als Ersatz für
DIN EN ISO 10077-2:2008-08

Entwurf

**Wärmetechnisches Verhalten von Fenstern, Türen und Abschlüssen –
Berechnung des Wärmedurchgangskoeffizienten –
Teil 2: Numerisches Verfahren für Rahmen (ISO/DIS 10077-2:2009);
Deutsche Fassung prEN ISO 10077-2:2009**

Thermal performance of windows, doors and shutters –
Calculation of thermal transmittance –
Part 2: Numerical method for frames (ISO/DIS 10077-2:2009);
German version prEN ISO 10077-2:2009

Performance thermique des fenêtres, portes et fermetures –
Calcul du coefficient de transmission thermique –
Partie 2: Méthode numérique pour les encadrements (ISO/DIS 10077-2:2009);
Version allemande prEN ISO 10077-2:2009

Anwendungswarnvermerk

Dieser Norm-Entwurf mit Erscheinungsdatum 2009-07-13 wird der Öffentlichkeit zur Prüfung und Stellungnahme vorgelegt.

Weil die beabsichtigte Norm von der vorliegenden Fassung abweichen kann, ist die Anwendung dieses Entwurfes besonders zu vereinbaren.

Stellungnahmen werden erbeten

- vorzugsweise als Datei per E-Mail an nabau@din.de in Form einer Tabelle. Die Vorlage dieser Tabelle kann im Internet unter www.din.de/stellungnahme abgerufen werden;
- oder in Papierform an den Normenausschuss Bauwesen (NABau) im DIN, 10772 Berlin (Hausanschrift: Burggrafenstr. 6, 10787 Berlin).

Die Empfänger dieses Norm-Entwurfs werden gebeten, mit ihren Kommentaren jegliche relevante Patentrechte, die sie kennen, mitzuteilen und unterstützende Dokumentationen zur Verfügung zu stellen.

Gesamtumfang 40 Seiten

Normenausschuss Bauwesen (NABau) im DIN

© DIN Deutsches Institut für Normung e.V. Jede Art der Vervielfältigung, auch auszugsweise nur mit Genehmigung des DIN Deutsches Institut für Normung e.V., Berlin, gestattet.
Alleinverkauf der Normen durch Beuth Verlag GmbH, 10772 Berlin

Preisgruppe 16
www.din.de
www.beuth.de

1529560

Legende

1. Die Bezeichnung **Entwurf** auf der Titelseite. Auf den Folgeseiten des Entwurfes wird in der Kopfzeile die DIN-Nummer durch die Kurzform „E“ ergänzt (z. B. E DIN EN 12345). Jedoch: das Kürzel „E“ ist nicht Bestandteil der DIN-Nummer.
2. Die Bezeichnung **DIN**
3. Zeitraum der Einspruchsmöglichkeit (**Einspruchsfrist**)
4. **Ersatzvermerk**
5. Hinweis auf den Stand auf internationaler (ISO/DIS) und europäischer Ebene (prEN ISO)
6. **Normen-Nummer bzw. DIN-Nummer** Die DIN-Normen-Nummer besteht aus einer Zählnummer (hier 12402-2) und einem **Buchstabenkürzel** (hier: DIN EN ISO).
7. Der **Anwendungswarnvermerk** soll verdeutlichen, dass der Inhalt des Norm-Entwurfes sich von der endgültigen Norm noch verändern kann.
8. Information zur **Stellungnahme**
9. **Trägerschaft**

Bild 6: Beispiel einer Titelseite eines Norm-Entwurfs

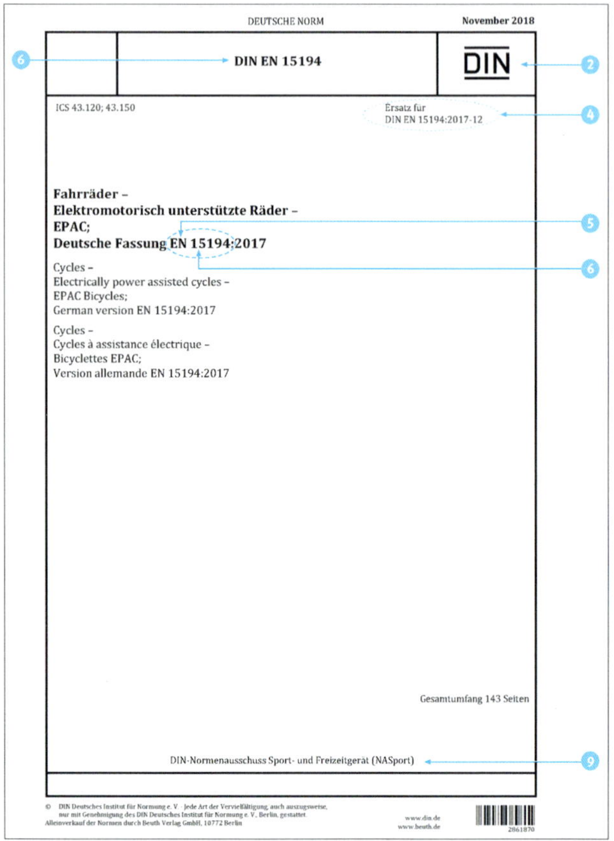

DEUTSCHE NORM November 2018

DIN EN 15194

DIN

ICS 43.120; 43.150

Ersatz für
DIN EN 15194:2017-12

Fahrräder –
Elektromotorisch unterstützte Räder –
EPAC;
Deutsche Fassung EN 15194:2017

Cycles –
Electrically power assisted cycles –
EPAC Bicycles;
German version EN 15194:2017

Cycles –
Cycles à assistance électrique –
Bicyclettes EPAC;
Version allemande EN 15194:2017

Gesamtumfang 143 Seiten

DIN-Normenausschuss Sport- und Freizeitgerät (NASport)

© DIN Deutsches Institut für Normung e. V. · Jede Art der Vervielfältigung, auch auszugsweise, nur mit Genehmigung des DIN Deutsches Institut für Normung e. V., Berlin, gestattet.
Alleinverkauf der Normen durch Beuth Verlag GmbH, 10772 Berlin

www.din.de
www.beuth.de

2861870

Legende

❷ Die Bezeichnung **DIN**

❹ **Ersatzvermerk**

❺ Hinweis auf den Stand auf internationaler (ISO/DIS) und europäischer Ebene (prEN ISO)

❻ **Normen-Nummer bzw. DIN-Nummer** Die DIN-Normen-Nummer besteht aus einer Zählnummer (hier 12402-2) und einem **Buchstabenkürzel** (hier: DIN EN ISO).

❾ **Trägerschaft**

Bild 7: Beispiel einer Titelseite einer Norm

4 Das Lesen einer Norm

4.1 Die Titelseite

4.1.1 Bezeichnung DIN

Das Kürzel DIN steht für eine rein nationale Norm (z. B. in DIN 5034-1). Es wurde von Experten in Deutschland ein Normungsgegenstand genormt (hier: Schulranzen).

4.1.2 Normentitel

Der Titel wird im Allgemeinen aus den nachfolgend genannten Elementen (siehe Legende im Bild 8) gebildet. Dabei wird vom Allgemeinen zum Besonderen vorgegangen:

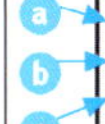

Wärme- und feuchteschutztechnisches Verhalten von Gebäuden –
Berechnung und Darstellung von Klimadaten –
Teil 2: Stundendaten zur Bestimmung der Kühllast (ISO 15927-2:2009);
Deutsche Fassung EN ISO 15927-2:2009

Hygrothermal performance of buildings –
Calculation and presentation of climatic data –
Part 2: Hourly data for design cooling load (ISO 15927-2:2009);
German version EN ISO 15927-2:2009

Performance hygrothermique des bâtiments –
Calcul et présentation des données climatiques –
Partie 2: Données horaires pour la charge de refroidissement de conception (ISO 15927-2:2009);
Version allemande EN ISO 15927-2:2009

Legende

a ein einführendes Element zur Bezeichnung des allgemeinen Fachgebietes, dem das Dokument zugeordnet werden kann (am Beispiel im Bild 8: Wärme- und feuchteschutztechnisches Verhalten von Gebäuden)

b ein Haupt-Element zur Bezeichnung des Hauptthemas innerhalb des allgemeinen Fachgebietes (am Beispiel im Bild 8: Berechnung und Darstellung von Klimadaten)

c ein ergänzendes Element zur Bezeichnung besonderer Merkmale des Hauptthemas oder von Einzelheiten zur Unterscheidung des Dokumentes von anderen Dokumenten oder von anderen Teilen des gleichen Dokumentes (am Beispiel im Bild 8: Teil 2: Stundendaten zur Bestimmung der Kühllast)

Bild 8: Beispiel eines Normentitels einer DIN-EN-ISO-Norm

Im Titel einer DIN EN (bzw. DIN EN ISO) wird auf die zugrundeliegende Europäische Norm und deren Veröffentlichungsdatum hingewiesen (z. B. German version EN 13061:2009). Durch die mit der Übernahme verbundenen Arbeiten kann das Veröffentlichungsdatum der EN und das der DIN EN (bzw. DIN EN ISO) unterschiedlich sein.

4.1.3 Normen-Nummer und Buchstabenkürzel

Kennzeichnend für die Bezeichnung von Normen sind die Normen-Nummer, der Normentitel und das Ausgabedatum.

Unter Experten und Kennern wird öfter lediglich die Normen-Nummer genannt (z. B. 3947). Das kann jedoch zu Verwirrungen führen. So behandelt die „3947“ beispielsweise als DIN EN 3947 ein Thema aus der „Luft- und Raumfahrt“, die DIN EN ISO 3947 kommt dagegen aus dem Bereich „Lebensmittel und landwirtschaftliche Produkte“.

Gut zu wissen

1) In den Arbeitsausschüssen wird zum internen Referenzieren des Normungsprojektes auch eine Projektnummer (WI-Nummer, z. B. WI 00136123) verwendet.
2) Der Entwicklungsfortschritt für einen Entwurf bzw. Schluss-Entwurf wird in den Arbeitsausschüssen auch mit prEN und FprEN (CEN-Ebene) bzw. mit DIS und FDIS (ISO-Ebene) angegeben. Der Schluss-Entwurf wird nicht veröffentlicht.

Die Normen-Nummer beinhaltet eine Zählnummer und ein **Buchstabenkürzel**, die Auskunft über das technische Dokument geben. Dabei gliedern sich die Buchstabenkürzel in zwei Gruppen:

1) Buchstabenkürzel, die das Normenwerk kennzeichnen (z. B. DIN, EN, ISO)
2) Buchstabenkürzel, die das jeweilige Dokument in seinem Inhalt oder in seinem Status ergänzend beschreiben (z. B. DIS, E, pr)

Tabelle 4: Buchstabenkürzel beim Entwurf

Status	Ebene		
	National (DIN)	Europäisch (EN)	International (ISO)
Umfrage (national: Norm-Entwurf)	E	prEN	DIS

Der Entwicklungsstand (nur bei prEN bzw. DIS) wird bei der beabsichtigten Übernahme eines Normendokumentes in das Deutsche Normenwerk auf der Titelseite angezeigt.

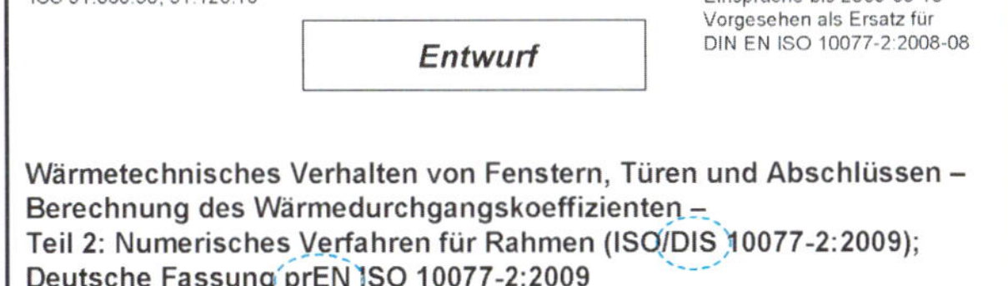
ICS 91.060.50; 91.120.10

Entwurf

Einsprüche bis 2009-09-13
Vorgesehen als Ersatz für
DIN EN ISO 10077-2:2008-08

Wärmetechnisches Verhalten von Fenstern, Türen und Abschlüssen – Berechnung des Wärmedurchgangskoeffizienten – Teil 2: Numerisches Verfahren für Rahmen (ISO/DIS 10077-2:2009); Deutsche Fassung prEN ISO 10077-2:2009

Bild 9: Beispiel einer **beabsichtigten** Übernahme einer EN-ISO- als DIN-EN-ISO-Norm

Im Bild 9 wird durch die Kürzel ISO/DIS darüber informiert, dass der Inhalt auch auf internationaler Ebene erarbeitet worden ist. Die Kürzel prEN ISO geben an, dass auch auf europäischer Ebene am Inhalt gearbeitet wurde (siehe auch 1.2) und beabsichtigt ist, das Dokument auch auf europäischer Ebene anzuerkennen.

Im Vergleich zum Entwurf ändert sich bei der Norm das Buchstabenkürzel:

Tabelle 5: Buchstabenkürzel bei einer Norm

Status	**Ebene**		
	National (DIN)	**Europäisch (EN)**	**International (ISO)**
Umfrage (national: Norm-Entwurf)	E	prEN	DIS
Norm	DIN	EN	ISO

4.1.4 Ersatzvermerk

Der Ersatzvermerk gibt Auskunft über die beabsichtigte Zurückziehung eines anderen Normendokumentes. Für Normen und Norm-Entwürfe wird mit der Zurückziehung die Aktualität für beendet erklärt. Ein teilweiser Ersatz ist ebenfalls möglich. Letzterer kommt zur Anwendung, wenn die Inhalte eines normativen Dokumentes aufgeteilt werden und zum Veröffentlichungszeitpunkt noch nicht alle Ersatzdokumente vorliegen.

Gut zu wissen

1) Nach Zurückziehung dürfen Dokumente weiter angewendet werden, wenn dies durch Vereinbarung zwischen den Vertragsparteien festgelegt wird und vom Gesetzgeber her zulässig ist.
2) Zurückgezogene Normen (historische Normen) sind nach ihrer Zurückziehung weiterhin über den Beuth Verlag beziehbar.

4.1.5 Patentrechte

Werden Patentrechte berührt, findet sich ein Hinweis auf mögliche Patentrechte auf der Titelseite. Bei einem Norm-Entwurf werden die Leser gebeten, bekannte Patentrechte DIN mitzuteilen.

4.2 Die zweite Seite – Nationale Elemente

4.2.1 Anwendungsbeginn

Ein Hinweis auf einen möglichen Anwendungsbeginn befindet sich vor dem Vorwort und gilt für Normen, die sicherheitstechnische Festlegungen enthalten. Der Anwendungsbeginn wird erst bei der Veröffentlichung der Norm eingefügt.

DIN EN 16716:2017-05

Anwendungsbeginn

Anwendungsbeginn dieser Norm ist 2017-05-01.

Nationales Vorwort

Bild 10: Beispiel eines Anwendungsbeginns in einer DIN-EN-Norm

4.2.2 Nationales Vorwort

Der allgemeine Textteil enthält Informationen über das für die Erarbeitung zuständige Arbeitsgremium. Weiterhin sind Informationen enthalten über den Ursprung der Arbeit, d. h., in welchem europäischen Komitee die Arbeit durchgeführt wurde.

Bei der Übernahme einer Europäischen Norm (EN) in das Deutsche Normenwerk bietet das Nationale Vorwort dem Anwender zusätzliche Informationen, die über den reinen europäischen

Text der Norm hinausgehen. Die Informationen sollen dem Anwender bei der Einführung des betreffenden europäischen Dokumentes in der Praxis behilflich sein. Dienlich sind beispielsweise Informationen zu **Übergangsfristen**. Das können beispielsweise weiterführende Informationen zu nationalen Abweichungen sein.

Eine harmonisierte Norm erkennt man durch den Hinweis zum Mandat/Normungsauftrag im Vorwort ❶, dem Anhang ZA (siehe Bild 11), der den Zusammenhang zu den EG-Richtlinien herstellt.

DIN EN 13162:2009-02
EN 13162:2008 (D)

Vorwort

Dieses Dokument (EN 13162:2008) wurde vom Technischen Komitee CEN/TC 88 „Wärmedämmstoffe und wärmedämmende Produkte" erarbeitet, dessen Sekretariat vom DIN gehalten wird.

Diese Europäische Norm muss den Status einer nationalen Norm erhalten, entweder durch Veröffentlichung eines identischen Textes oder durch Anerkennung bis Mai 2009, und etwaige entgegenstehende nationale Normen müssen bis Mai 2009 zurückgezogen werden.

Dieses Dokument wurde unter einem Mandat erarbeitet, das die Europäische Kommission und die Europäische Freihandelszone dem CEN erteilt haben, und unterstützt grundlegende Anforderungen der EG-Richtlinien. ❶

Zum Zusammenhang mit EG-Richtlinien siehe informativen Anhang ZA, der Bestandteil dieses Dokuments ist.

Bild 11: Vorwort einer harmonisierten EN

4.2.3 Frühere Ausgaben

Sind bereits frühere Ausgaben publiziert worden, so sind diese numerisch unter **„Frühere Ausgaben"** aufgeführt. Sind gegenüber der letzten Ausgabe der Norm Änderungen durchgeführt worden, so werden auch die Änderungen mit aufgeführt. Mitunter können detaillierte Informationen zum Ersatz von Normen enthalten sein, insbesondere wenn der Inhalt einer früheren Norm auf mehrere Normen aufgeteilt wird. Sollte im nationalen Normenwerk eine im Text genannte Norm nicht erwerbbar sein, so wird im Nationalen Vorwort angegeben, welche anstelle der im Text genannten Norm angewendet werden darf.

Nicht enthalten darf das Nationale Vorwort Festlegungen, die die Norm sachlich verändern.

4.3 Europäischer Inhalt

4.3.1 Allgemeines

Im Fall eines Normungsprojektes, das auf europäischer Ebene erarbeitet wurde bzw. auf internationaler Ebene erarbeitet und von CEN anerkannt wurde, beinhaltet die DIN-Norm einen Europäischen Inhalt. Dieser schließt sich dem Inhalt der nationalen Elemente an.

Tabelle 6: Normungsorganisationen

	Ebene (Normungsorganisation)		
	National	**Europäisch**	**International**
Normungs_ organisation	DIN Deutsches Institut für Normung e.V.	CEN Comité Européen de Normalisation	ISO International Organization for Standardization
Buchstaben- kürzel, die das Normenwerk kennzeichnen	DIN	EN	ISO
Übernommenes Normen- dokument	DIN EN ←	EN	–

Europäische Normen werden von mindestens einer der drei europäischen Normungsorganisationen entwickelt: dem Europäischen Komitee für Normung (CEN), dem Europäischen Komitee für elektrotechnische Normung (CENELEC) und dem Europäischen Institut für Telekommunikationsnormen (ETSI).

Europäische Normen werden nicht als eigenständige Dokumente veröffentlicht. Der Text der EN wird als nationale Norm in das jeweilige nationale Normenwerk der CEN-Mitgliedsländer übernommen. Dies erfolgt entweder in einer der drei offiziellen Sprachfassungen, als Übersetzung oder in Form einer Anerkennungsnotiz. In Deutschland wird die deutsche Sprachfassung als DIN EN publiziert. Dabei ist die Zählnummer der DIN EN und der EN identisch. Nach Veröffentlichung einer DIN EN wird die Europäische Norm nur in ihrer Ausgabe als DIN EN bereitgestellt. Die Europäische Norm hat dann den Status einer Deutschen Norm.

Die Annahme einer Europäischen Norm durch das europäische Normungsinstitut CEN wird im DIN-Anzeiger für technische Regeln – Abschnitt „Ergebnisse europäische Normung" bekannt gegeben.

4.3.2 Harmonisierte Europäische Norm

Die Erarbeitung einer Europäischen Norm wird aufgrund von Vorschlägen der Mitgliedsländer oder von Aufträgen (Mandaten/ Normungsaufträgen) des Gesetzgebers (Europäische Kommission) aufgenommen. Die von der Europäischen Kommission erteilten Normungsaufträge sind in der Mandatsdatenbank verfügbar: https://ec.europa.eu/growth/tools-databases/mandates/index.cfm?fuseaction=search.welcome&lang=de

Eine Europäische Norm, die im Rahmen eines Mandats bzw. nach der Neuen Konzeption erarbeitet worden ist, ist eine harmonisierte Europäische Norm. Die entsprechenden Europäischen Richtlinien können zur Ausfüllung der in ihnen enthaltenen grundlegenden Anforderungen auf eine **harmonisierte Europäische Norm** verweisen. Daher muss eine harmonisierte Europäische Norm geeignete Festlegungen zur Ausfüllung der in der entsprechenden Europäischen Richtlinie aufgestellten grundlegenden Anforderungen enthalten.

Bei Anwendung von harmonisierten Europäischen Normen wird von der Übereinstimmung mit den grundlegenden Anforderungen der Europäischen Richtlinie ausgegangen, was als Vermutungswirkung bezeichnet wird. Oder anders ausgedrückt, die Herstellung eines Produktes nach einer harmonisierten Europäischen Norm führt zur Vermutung der Konformität des Produktes mit den grundlegenden Anforderungen der Europäischen Richtlinie (Konformitätsvermutung) und muss von allen EU-Mitgliedsländern akzeptiert werden. Damit jedoch die Einhaltung der Norm die Konformitätsvermutung auslösen kann, muss die Fundstelle der Norm im Amtsblatt der EU mit Nummer und Titel gelistet sein.

Europäische Normen werden durch die nationalen Normungsgremien (NSBs) in identische nationale Normen umgesetzt und alle widersprüchlichen nationalen Normen zurückgezogen.

Europäische Normen werden erst durch das Listen im Amtsblatt der Europäischen Union (eng. Official Journal of the European Union, OJEU) zu harmonisierten Normen. Die Anwendung der gelisteten harmonisierten Normen führen zu einer vereinfachten Konformitätsbewertung (Konformitätsvermutung). Das heißt, durch Aufnahme der Fundstellen der Normen in das EU-Amtsblatt wird die Öffentlichkeit darüber informiert, dass die Einhaltung der bekannt gegebenen Norm zur Konformitätsvermutung beiträgt und diese als geeignet für die Erfüllung der entsprechenden Anforderungen aus der EU-Verordnung angesehen wird.

Alle harmonisierten Normen sind auf folgendem EU-Server gelistet: https://ec.europa.eu/growth/single-market/european-standards/harmonised-standards_de

Gut zu wissen

Auch eine harmonisierte Norm behält ihren freiwilligen Charakter. Ein Hersteller darf außerhalb der Norm produzieren, trägt jedoch eine erhöhte Beweislast, dass er die grundlegenden Anforderungen der Europäischen Richtlinie erfüllt.

EUROPÄISCHE NORM
EUROPEAN STANDARD
NORME EUROPÉENNE

EN 15194

Oktober 2017

ICS 43.120; 43.150

Ersatz für EN 15194:2009+A1:2011

Deutsche Fassung

Fahrräder —
Elektromotorisch unterstützte Räder —
EPAC

Cycles —
Electrically power assisted cycles —
EPAC Bicycles

Cycles —
Cycles à assistance électrique —
Bicyclettes EPAC

Diese Europäische Norm wurde vom CEN am 28. Mai 2017 angenommen.

Die CEN-Mitglieder sind gehalten, die CEN/CENELEC-Geschäftsordnung zu erfüllen, in der die Bedingungen festgelegt sind, unter denen dieser Europäischen Norm ohne jede Änderung der Status einer nationalen Norm zu geben ist. Auf dem letzten Stand befindliche Listen dieser nationalen Normen mit ihren bibliographischen Angaben sind beim CEN-CENELEC-Management-Zentrum oder bei jedem CEN-Mitglied auf Anfrage erhältlich.

Diese Europäische Norm besteht in drei offiziellen Fassungen (Deutsch, Englisch, Französisch). Eine Fassung in einer anderen Sprache, die von einem CEN-Mitglied in eigener Verantwortung durch Übersetzung in seine Landessprache gemacht und dem Management-Zentrum mitgeteilt worden ist, hat den gleichen Status wie die offiziellen Fassungen.

CEN-Mitglieder sind die nationalen Normungsinstitute von Belgien, Bulgarien, Dänemark, Deutschland, der ehemaligen jugoslawischen Republik Mazedonien, Estland, Finnland, Frankreich, Griechenland, Irland, Island, Italien, Kroatien, Lettland, Litauen, Luxemburg, Malta, den Niederlanden, Norwegen, Österreich, Polen, Portugal, Rumänien, Schweden, der Schweiz, Serbien, der Slowakei, Slowenien, Spanien, der Tschechischen Republik, der Türkei, Ungarn, dem Vereinigten Königreich und Zypern.

cen

EUROPÄISCHES KOMITEE FÜR NORMUNG
EUROPEAN COMMITTEE FOR STANDARDIZATION
COMITÉ EUROPÉEN DE NORMALISATION

CEN-CENELEC Management-Zentrum: Avenue Marnix 17, B-1000 Brüssel

© 2017 CEN Alle Rechte der Verwertung, gleich in welcher Form und in welchem Verfahren, sind weltweit den nationalen Mitgliedern von CEN vorbehalten.

Ref. Nr. EN 15194:2017 D

Bild 12: Beispiel eines Deckblattes einer Europäischen Norm (EN)

4.3.3 Europäisches Vorwort

Das Europäische Vorwort gibt allgemeine Hinweise darüber, in welchem Arbeitsausschuss es auf europäischer bzw. internationaler Ebene erarbeitet wurde. In diesem Fall (siehe Bild 13) wurde das Normungsprojekt auf europäischer und internationaler Ebene erarbeitet, weswegen beide Technische Komitees genannt werden. Wurde ein Normungsprojekt nur auf europäischer Ebene erarbeitet, wird nur das europäische Technische Komitee genannt.

Weitere Elemente sind der Entwicklungsstand (Umfrage, Norm), z. B. wenn das Dokument zur „zweiten parallelen Umfrage“ vorgelegt wird. Dieses Beispiel besagt, dass das Dokument auf CEN- und ISO-Ebene als 2. Entwurf vorgelegt wird.

Wurde das Normungsprojekt als harmonisierte Norm erarbeitet bzw. lag ein Normungsauftrag vor, wird der Zusammenhang der Norm mit EG-Richtlinien nebst Verweis auf den entsprechenden Anhang aufgeführt.

Weitere Elemente des Europäischen Vorwortes sind:

- gegebenenfalls den beabsichtigten (beim Entwurf) bzw. durch-geführten (bei einer Norm) Ersatz;
- das späteste Datum der Veröffentlichung einer identischen nationalen Norm oder der Anerkennungsnotiz;
- das späteste Datum für die Zurückziehung entgegenstehender nationaler Normen;
- die Beziehung des Dokumentes zu anderen Dokumenten und
- gegebenenfalls einen Hinweis im veröffentlichten Dokument auf Patentrechte. Wurden Patentrechte in einem Dokument identifiziert, enthält die Einleitung einen entsprechenden Hinweis.

Sind Änderungen gegenüber einer früheren Ausgabe des Dokumentes durchgeführt worden, so sind diese im Europäischen Vorwort aufgeführt.

Die Seiten nach dem europäischen Vorwort enthalten den auf europäischer Ebene erarbeiteten Text, der ins Deutsche übersetzt wird.

DIN EN 15194:2018-11
EN 15194:2017 (D)

Europäisches Vorwort

Dieses Dokument (EN 15194:2017) wurde vom Technischen Komitee CEN/TC 333 „Fahrräder" erarbeitet, dessen Sekretariat von UNI gehalten wird.

Diese Europäische Norm muss den Status einer nationalen Norm erhalten, entweder durch Veröffentlichung eines identischen Textes oder durch Anerkennung bis April 2018, und etwaige entgegenstehende nationale Normen müssen bis April 2019 zurückgezogen werden.

Es wird auf die Möglichkeit hingewiesen, dass einige Elemente dieses Dokuments Patentrechte berühren können. CEN ist nicht dafür verantwortlich, einige oder alle diesbezüglichen Patentrechte zu identifizieren.

Dieses Dokument ersetzt EN 15194:2009+A1:2011.

Dieses Dokument wurde im Rahmen eines Normungsauftrages erarbeitet, den die Europäische Kommission und die Europäische Freihandelszone dem CEN erteilt haben, und unterstützt grundlegende Anforderungen der EU-Richtlinien.

Zum Zusammenhang mit EU-Richtlinien siehe informativen Anhang ZA, der Bestandteil dieses Dokuments ist.

Im Vergleich zur vorherigen Ausgabe wurde diese Norm überarbeitet, um sie an die grundlegenden Anforderungen der EU-Richtlinie 2006/42/EG (Maschinenrichtlinie) anzupassen.

Diese Norm enthält auch alle mechanischen Anforderungen für die EPACs und ist daher ein eigenständiges Dokument.

Entsprechend der CEN-CENELEC-Geschäftsordnung sind die nationalen Normungsinstitute der folgenden Länder gehalten, diese Europäische Norm zu übernehmen: Belgien, Bulgarien, Dänemark, Deutschland, die ehemalige jugoslawische Republik Mazedonien, Estland, Finnland, Frankreich, Griechenland, Irland, Island, Italien, Kroatien, Lettland, Litauen, Luxemburg, Malta, Niederlande, Norwegen, Österreich, Polen, Portugal, Rumänien, Schweden, Schweiz, Serbien, Slowakei, Slowenien, Spanien, Tschechische Republik, Türkei, Ungarn, Vereinigtes Königreich und Zypern.

Bild 13: Beispiel eines Europäischen Vorwortes in einer DIN-EN

Gut zu wissen

Die Erarbeitung eines Normungsprojektes kann auf CEN- und ISO-Ebene parallel stattfinden (Wiener Vereinbarung, eng. Vienna Agreement (VA)). Das Ergebnis ist eine identische EN-ISO-Norm mit gleicher Nummer. Eine ähnliche Regelung existiert zwischen IEC und CENELEC (Frankfurter Vereinbarung).

4.3.4 Anerkennungsnotiz

Die Anerkennung einer Internationalen Norm durch eine Europäische Norm, d. h. einer ISO-Norm durch CEN, erfolgt durch eine Anerkennungsnotiz im Europäischen Vorwort.

Anerkennungsnotiz

Der Text von ISO/DIS 12402-2.2:2017 wurde von CEN als prEN ISO 12402-2:2017 ohne irgendeine Abänderung genehmigt.

Bild 14: Beispiel einer Anerkennungsnotiz in einem Norm-Entwurf

Anerkennungsnotiz

Der Text von ISO 20957-9:2016 wurde von CEN als EN ISO 20957-9:2016 ohne irgendeine Abänderung genehmigt.

Bild 15: Beispiel einer Anerkennungsnotiz in einer Norm

Bei einer EN-ISO-Norm handelt es sich um eine Übernahme einer ISO-Norm in das europäische Normenwerk. Die Übernahme erfolgt anhand einer Anerkennungsnotiz und der Übernahme des ISO-Textes. Dies darf erfolgen durch

- eine identische Übernahme der ISO-Norm als EN,
- eine modifizierte Übernahme der ISO-Norm als EN,
- eine nicht äquivalente Übernahme der ISO-Norm als EN.

Bei der identischen Übernahme werden der Titel der ISO-Norm und die ISO-Zählnummer in die EN übernommen.

Bei einer nicht äquivalenten Übernahme werden ein neuer (geeigneter) Titel und eine eigene EN-Zählnummer vergeben.

Eine EN-ISO-Norm wird in der Regel in den drei offiziellen Sprachfassungen des CEN (deutsch – englisch – französisch) herausgegeben. Die deutsche Sprachfassung liefert das DIN an CEN auf der Grundlage der autorisierten Übersetzung des für das Normungsthema verantwortlichen Spiegelausschusses.

Die Anerkennung einer ISO-Norm als EN-ISO-Norm wird im DIN-Anzeiger für technische Regel bekannt gegeben.

Ist eine Internationale Norm (ISO) durch CEN in eine Europäische Norm (EN) übernommen worden, so ist stets eine Anerkennungsnotiz (engl. Endorsement notice) im Vorwort der EN-ISO-Norm bei einer unveränderten Übernahme enthalten.

4.4 Internationaler Inhalt

4.4.1 Allgemeines

Eine ISO-Norm ist eine auf internationaler Ebene erarbeitete Norm.

Tabelle 7: ISO-Norm

	Ebene (Normungsorganisation)		
	National	**Europäisch**	**International**
Normungs-organisation	DIN Deutsches Institut für Normung e.V.	CEN Comité Européen de Normalisation	ISO International Organization for Standardization
Buchstaben-kürzel, die das Normenwerk kennzeichnen	DIN	EN	ISO
Übernommenes Normen-dokument	DIN ISO ←	–	ISO
	DIN EN ISO ←	EN ISO ←	ISO

Die ISO ist als reine ISO erhältlich.

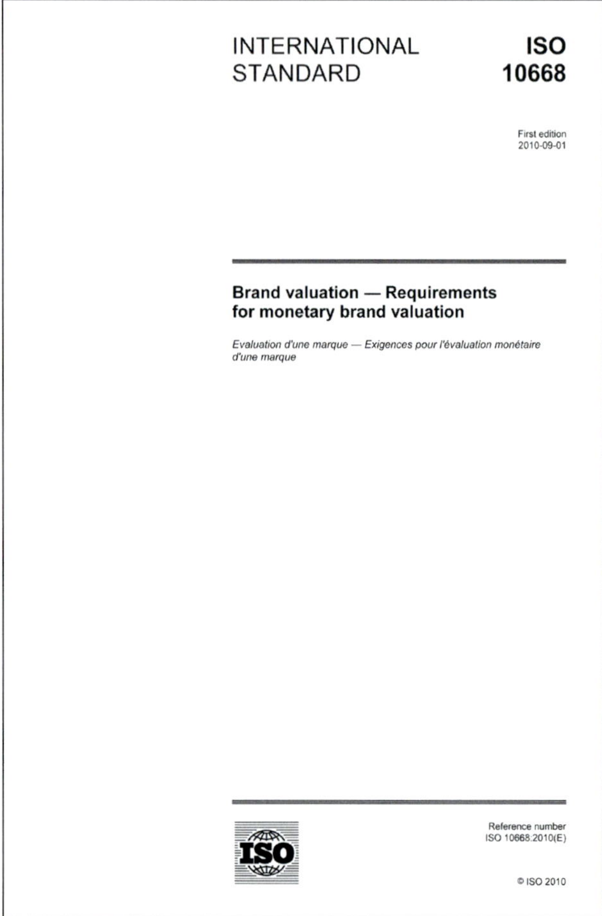
INTERNATIONAL STANDARD

ISO 10668

First edition
2010-09-01

Brand valuation — Requirements for monetary brand valuation

Evaluation d'une marque — Exigences pour l'évaluation monétaire d'une marque

Reference number
ISO 10668:2010(E)

© ISO 2010

Bild 16: Beispiel eines Titelblattes einer ISO-Norm

4.4.2 DIN ISO

Eine ISO-Norm ist eine Internationale Norm, die in das Deutsche Normenwerk als deutsche Übersetzung (in manchen Fällen auch in der Originalsprache) als **DIN ISO** aufgenommen werden darf. Dieses ist möglich durch eine

- unveränderte Übernahme,
- modifizierte Übernahme oder
- teilweise Übernahme.

Im Gegensatz zur DIN EN – wo der Text der Europäischen Norm (EN) unverändert übernommen werden muss – darf der Inhalt der ISO-Norm modifiziert oder nur teilweise in eine Deutsche

Norm übernommen werden. In diesem Fall wird eine neue DIN-Nummer vergeben ohne den Zusatz „ISO“. Nur bei einer identischen Übernahme ist die Zählnummer der DIN-ISO- und der ISO-Norm identisch, und nur dann erhält sie den Zusatz „ISO“.

Im Titel einer DIN-ISO-Norm wird auf die zugrundeliegende Internationale Norm und deren Veröffentlichungsdatum hingewiesen (z. B. ISO 10668:2010). Durch die mit der Übernahme verbundenen Arbeiten kann das Veröffentlichungsdatum der ISO- und das der DIN-ISO-Norm unterschiedlich sein.

Die übrigen Elemente, wie Nationales Vorwort, Änderungsvermerk unterscheiden sich nicht gegenüber einer DIN-EN-Norm.

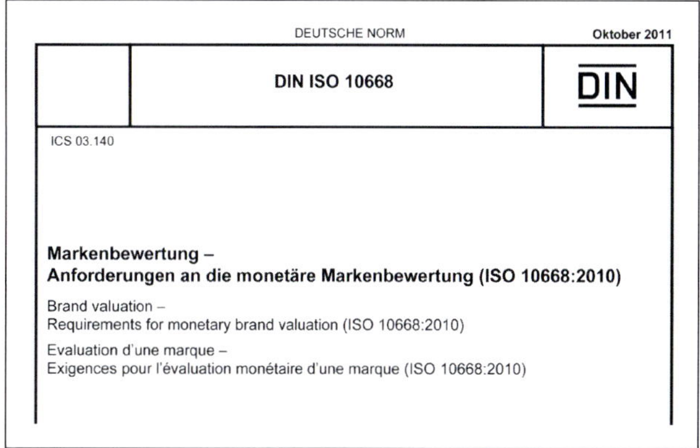
DEUTSCHE NORM Oktober 2011

DIN ISO 10668

DIN

ICS 03.140

Markenbewertung –
Anforderungen an die monetäre Markenbewertung (ISO 10668:2010)

Brand valuation –
Requirements for monetary brand valuation (ISO 10668:2010)

Evaluation d'une marque –
Exigences pour l'évaluation monétaire d'une marque (ISO 10668:2010)

Bild 17: Beispiel eines Titelblattes einer DIN-ISO-Norm (Auszug)

4.4.3 DIN EN ISO

Im Fall, dass eine ISO-Norm als eine EN-ISO-Norm in das europäische Normenwerk übernommen wird, übernimmt DIN diese in das Deutsche Normenwerk in der Fassung der Europäischen Norm. Ein Beispiel einer DIN EN ISO ist im Bild 6 (als Entwurf) dargestellt.

Im Gegensatz zu Bild 12, in dem ein Beispiel eines Europäischen Deckblattes gezeigt wird, wird bei einer EN ISO die Kooperation zwischen beiden Normungsgremien ebenfalls im Europäischen Deckblatt gezeigt (siehe Bild 18).

EUROPEAN STANDARD
NORME EUROPÉENNE
EUROPÄISCHE NORM

EN ISO 13790

March 2008

ICS 91.120.10

Supersedes EN 832:1998, EN ISO 13790:2004

English Version

Energy performance of buildings - Calculation of energy use for space heating and cooling (ISO 13790:2008)

Performance énergétique des bâtiments - Calcul des besoins d'énergie pour le chauffage et le refroidissement des locaux (ISO 13790:2008)

Energieeffizienz von Gebäuden - Berechnung des Energiebedarfs für Heizung und Kühlung (ISO 13790:2008)

This European Standard was approved by CEN on 23 February 2008.

CEN members are bound to comply with the CEN/CENELEC Internal Regulations which stipulate the conditions for giving this European Standard the status of a national standard without any alteration. Up-to-date lists and bibliographical references concerning such national standards may be obtained on application to the CEN Management Centre or to any CEN member.

This European Standard exists in three official versions (English, French, German). A version in any other language made by translation under the responsibility of a CEN member into its own language and notified to the CEN Management Centre has the same status as the official versions.

CEN members are the national standards bodies of Austria, Belgium, Bulgaria, Cyprus, Czech Republic, Denmark, Estonia, Finland, France, Germany, Greece, Hungary, Iceland, Ireland, Italy, Latvia, Lithuania, Luxembourg, Malta, Netherlands, Norway, Poland, Portugal, Romania, Slovakia, Slovenia, Spain, Sweden, Switzerland and United Kingdom.

cen

EUROPEAN COMMITTEE FOR STANDARDIZATION
COMITÉ EUROPÉEN DE NORMALISATION
EUROPÄISCHES KOMITEE FÜR NORMUNG

Management Centre: rue de Stassart, 36 B-1050 Brussels

Ref. No. EN ISO 13790:2008: E

Bild 18: Beispiel eines Titelblattes einer EN-ISO-Norm

Dem Europäischen Vorwort folgt der Text der ISO.

4.5 Technischer Inhalt

4.5.1 Darf, soll, muss, kann – Ein wesentlicher Unterschied

Eine Norm als solche verpflichtet niemanden zu deren Anwendung. Jedoch darf eine derartige Verpflichtung, z. B. durch die Gesetzgebung oder einen Vertrag, vorgeschrieben werden. Um die Anforderungen eines Dokumentes einhalten zu können, muss der Anwender diese kennen. Er muss außerdem in der Lage sein, diese Anforderungen von anderen Festlegungen zu unterscheiden, für deren Einhaltung bestimmte, in seinem Ermessen liegende Freiheitsgrade bestehen. Daher gibt es eindeutige Regeln für die Anwendung der Verbformen (einschließlich modaler Hilfsverben).

Textbeispiele
normativer Text – Die Rettungsweste **muss** voll funktionstüchtig bleiben. – Kennzeichnung **nach** Anhang C – Anhang C (**normativ**) Kennzeichnung
informativer Text – Der Verstellbereich des Bremshebels **sollte** diese Maße vorzugsweise zulassen. – Ein **Beispiel** ist in Bild 15 dargestellt. – **ANMERKUNG** Die Messgeräte sind in EN 55012 beschrieben. – Anhang A (**informativ**) Lenkungsgeometrie

Tabelle 8: Gleichbedeutende Ausdrücke

Ausdruck	**Verbform**		**Gleichbedeutende Ausdrücke**	
	Deutsch	**Englisch**	**Deutsch**	**Englisch**
Anforderung	muss	shall	ist zu	is to
			ist erforderlich	is required to
			es ist erforderlich, dass	it is required that
			hat zu	has to
			lediglich ... zulässig	only ... is permitted
			es ist notwendig	it is necessary
	darf nicht	shall not	es ist nicht zulässig (erlaubt/ gestattet)	is not allowed (permitted/ acceptable/ permissible)
			es ist unzulässig	is required to be not
			es ist nicht zu	is required that ... be not
			es hat nicht zu	is not to be

Ausdruck	Verbform		Gleichbedeutende Ausdrücke	
	Deutsch	Englisch	Deutsch	Englisch
Empfehlung	sollte	should	es wird empfohlen, dass ...	it is recommended that
			ist in der Regel ...	ought to
	sollte nicht	should not	wird nicht empfohlen	it is not recommended
			sollte vermieden werden	that ought not to
Zulässigkeit	darf	may	ist zugelassen	is permitted
			ist zulässig	is allowed
			... auch ...	is permissible
	braucht nicht	need not	ist nicht erforderlich	it is not required that
			keine ... nötig	no ... is required
Möglichkeit und Vermögen	kann	can	vermag	be able to
			es ist möglich, dass ...	there is a possibility of
			lässt sich ...	it is possible to
			in der Lage (sein) zu ...	
	kann nicht	cannot	vermag nicht	be unable to
			es ist nicht möglich, dass ...	there is no possibility of

4.5.2 Der Anwendungsbereich, ein wichtiges Element!

Der Anwendungsbereich ist wesentlich für das Verständnis des Normeninhaltes. Er bildet sozusagen den „Rahmen" des von dem Dokument behandelten Themas. Er legt eindeutig den behandelten Sachverhalt sowie die Grenzen der Anwendbarkeit des Dokumentes oder einzelner Teile fest.

Sollten während des Lesens der Norm Fragen zum Inhalt auftreten, z. B. wieso ein Bereich nicht berechnet/behandelt wurde, dann empfehle ich, den Anwendungsbereich noch einmal aufzuschlagen. Mitunter wird das Gesuchte gar nicht von der Norm abgedeckt. Fragen zur Interpretation der Norm klären sich, wenn der Anwendungsbereich der Norm beachtet wird.

4.5.3 Normative Verweisungen

Im Abschnitt „Normative Verweisungen“ sind alle in Bezug genommenen Dokumente enthalten, auf die in der Norm so verwiesen wird, dass sie für die Anwendung des Dokumentes unentbehrlich sind. Bei einigen Normen ist diese Liste recht umfangreich, zu bedenken ist jedoch, dass die Norm für einen sachkundigen Anwender geschrieben wurde, der in der Regel über die für sein Fachgebiet notwendigen weiteren Normen bereits Bescheid weiß.

Mitunter werden Dokumente mit dem Jahr ihrer Veröffentlichung aufgeführt (starrer/datierter Verweis). Werden im Text spezifische Angaben bei dem Verweis auf ein anderes Dokument gemacht – z. B. „nach Bild 4 der DIN EN 1234:2020-11“ –, so erfolgt der normative Verweis mit einer Datierung. Es gilt dann nur die in Bezug genommene Ausgabe. Spätere Überarbeitungen der Norm(en) dürfen nicht verwendet werden.

Bei undatierten Verweisungen (gleitender Verweis) gilt die letzte Ausgabe des in Bezug genommenen Dokumentes (einschließlich aller Änderungen). Spätere Überarbeitungen der Norm(en) sind anzuwenden.

Eine normative Verweisung darf nicht gemacht werden auf

- Dokumente, die nicht öffentlich erhältlich sind,
- Dokumente, die nur zur Information dienen,
- Dokumente, die lediglich als bibliografisches Material oder Hintergrundmaterial für die Erstellung des Dokumentes gedient haben.

Diese Dokumente dürfen jedoch unter Literaturhinweisen aufgeführt werden.

Gut zu wissen

Ein Verweis, der mit „siehe“ eingeleitet wird, ist ein informativer Verweis. Beispiel: „Für die Anwendung siehe ISO 1234.“

4.5.4 Begriffe

Damit bei der Anwendung und dem Verständnis der Norm keine Missverständnisse auftreten, sollte jede Benennung die nicht selbsterklärend oder unterschiedlich interpretiert werden kann, definiert sein. Begriffe enthalten keine Anforderungen.

Dabei ist jede Benennung, die nicht selbsterklärend oder allgemein bekannt ist und die in unterschiedlichen Zusammenhängen unterschiedlich interpretiert werden könnte, zu erklären, indem der entsprechende Begriff definiert wird. Der übliche

Wortschatz oder häufig benutzte Fachausdrücke müssen nur dann aufgenommen werden, wenn sie im jeweiligen Zusammenhang mit einer besonderen Bedeutung verwendet werden. Es dürfen nur die Begriffe definiert werden, die jeweils in diesem Dokument angewendet werden; eine Ausnahme stellen die zusätzlichen Begriffe und ihre Benennungen dar, die für das Verständnis dieser Definitionen als notwendig erachtet werden.

3 Begriffe

Für die Anwendung dieses Dokuments gelten die folgenden Begriffe.

ISO und IEC stellen terminologische Datenbanken für die Verwendung in der Normung unter den folgenden Adressen bereit:

— IEC Electropedia: unter http://www.electropedia.org/

— ISO-Online-Suche: unter http://www.iso.org/obp

3.1
persönliches Auftriebsmittel
PFD
(en: personal flotation device)
Kleidungsstück oder Mittel, das bei korrektem Anlegen und bei korrekter Nutzung im Wasser dem Benutzer ein bestimmtes Maß an Auftrieb verschafft und so die Wahrscheinlichkeit des Überlebens erhöht

3.2
Feststoff-Auftriebswerkstoff
Werkstoff, der dauerhaft eine geringere Dichte als Wasser aufweist

Bild 19: Beispiel von Begriffen

Es ist möglich, eine unabhängige Terminologienorm (Begriffsnorm) zu erarbeiten. Die hier definierten Begriffe müssen jedoch auf das Fachgebiet beschränkt bleiben, das Titel und Anwendungsbereich der Begriffsnorm entspricht.

Tritt ein Begriff in mehreren Dokumenten auf, so wird er im allgemeinsten dieser Dokumente oder in einer Begriffsnorm definiert, und es wird in anderen Normen nur noch auf diese Norm verwiesen. Wenn die Wiederholung einer Definition allerdings erforderlich ist, so erfolgt nach der Definition ein informativer Hinweis in eckigen Klammern auf das Dokument, aus der sie entnommen wurde.

Beispiel aus der DIN EN 1069-1:2010

3.1

Schwimmbad

Anlage mit einer oder mehreren Wasserflächen, die zum Schwimmen, für Freizeitaktivitäten oder andere körperliche Aktivitäten in Verbindung mit Wasser vorgesehen sind

[EN 15288 1:2008, 3.1]

Wenn eine genormte Definition in ein anderes Fachgebiet übernommen wird, wird nach der Definition des Begriffs eine Anmerkung aufgenommen, die eine entsprechende Erklärung angibt.

> Beispiel aus der DIN 820-2:2020-03
>
> **3.5**
>
> **Datenfeld**
>
> Variable oder festgelegte Datensatzlänge für ein bestimmtes Dokument
>
> ANMERKUNG In Anlehnung an ISO 6156:1989.

Mitunter werden neben einer Vorzugsbenennung auch eine oder weitere zugelassene Benennungen genannt. Die Vorzugsbenennung wird dabei als Erste genannt, die weitere zugelassene Benennung folgt jeweils mit einer neuen Zeile.

> Beispiel aus der DIN 820-2:2020-03
>
> **3.10**
>
> **Terminologie**
>
> **Fachwortschatz**
>
> Gesamtbestand der Begriffe und ihrer Benennungen in einem Fachgebiet

Wenn eine Benennung für mehrere Begriffe aus unterschiedlichen Fachgebieten verwendet wird (Homonyme), wird das Fachgebiet, zu dem der Begriff gehört, vor der Definition in Klammern angegeben.

> Beispiel aus der DIN 820-2:2020-03
>
> **3.2.11**
>
> **Fenster**
>
> (Bauwesen) Bauteil, das zur Belichtung und in der Regel auch zur Belüftung von Räumen dient.

4.5.5 Anhänge – ein Mittel zum besseren Lesen

Um den Hauptteil flüssiger lesen zu können, werden Anhänge benutzt. Dies ermöglicht zudem die Trennung zwischen normativen und informativen Anhängen. Anhänge werden mit dem Wort „Anhang“ gekennzeichnet. Diesem folgt ein Großbuchstabe für die fortlaufende Kennzeichnung, beginnend mit A, und in jeweils einer eigenen Zeile die Angabe, ob es sich um einen normativen oder informativen Anhang handelt, sowie der Titel.

4.5.5.1 Normative Anhänge

Normative Anhänge enthalten zu den Festlegungen des Dokumentes ergänzende Festlegungen und sind gegebenenfalls erforderlich. Informationen über bestehende besondere nationale Bedingungen sind in einem normativen Anhang anzugeben.

Dass es sich um einen normativen Anhang handelt, geht eindeutig aus der Form hervor, in der im Text auf ihn verwiesen wird, und durch eine entsprechende Angabe ❶ in der Überschrift.

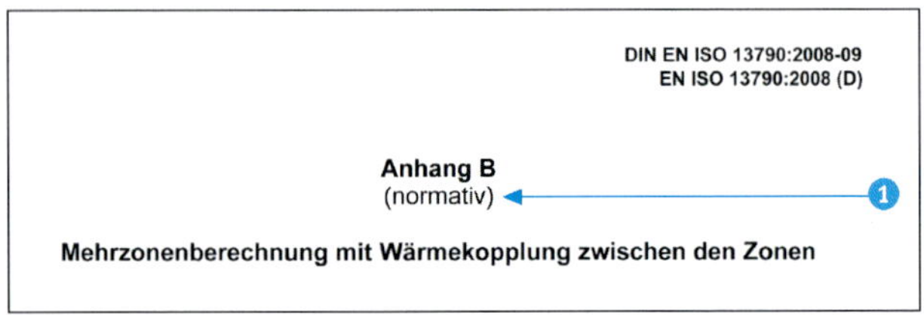

Legende

❶ Verweis auf normativen Anhang

Bild 20: Beispiel eines normativen Anhangs

4.5.5.2 Informative Anhänge

Bei informativen Anhängen handelt es sich um eine ergänzende Information zur Erleichterung des Verstehens oder der Anwendbarkeit des Dokumentes. Dass es sich um einen normativen Anhang handelt, geht eindeutig aus der Form hervor, in der im Text auf ihn verwiesen wird, und durch eine entsprechende Angabe in der Überschrift. Informative Anhänge dürfen keine Anforderungen enthalten.

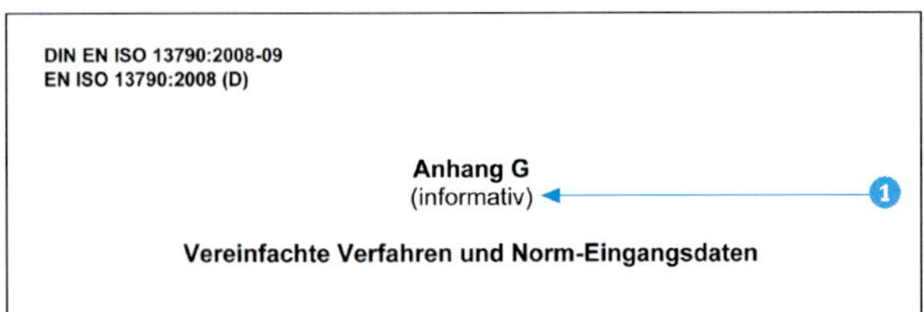

Legende

❶ Verweis auf informativen Anhang

Bild 21: Beispiel eines informativen Anhangs

4.5.5.3 Anhang ZA

Bei einer harmonisierten Europäischen Norm, in der die Europäische Norm Bezug auf Europäische Richtlinien nach der „Neuen Konzeption“ nimmt, müssen die Zusammenhänge zwischen der Europäischen Norm und der entsprechenden Europäischen Richtlinie in einem informativen Anhang ZA angegeben werden.

Der Anhang ZA gibt dann Auskunft über das Mandat, in dessen Rahmen die Europäische Norm erarbeitet wurde.

E DIN EN 13162:2010-05
prEN 13162:2010 (D)

— Entwurf —

Anhang ZA
(informativ)

Abschnitte dieser Europäischen Norm, die Bestimmungen der EG-Bauproduktenrichtlinie betreffen

ZA.1 Anwendungsbereich und maßgebende Eigenschaften

Diese Europäische Norm wurde nach dem von der Europäischen Kommission und der Europäischen Freihandelszone an CEN erteilten Mandat M/103[1)] „Wärmedämmstoffe“ erarbeitet.

Die in der nachstehenden Tabelle aufgeführten Abschnitte dieses Dokumentes erfüllen die Anforderungen des Mandats M/103, das auf der Grundlage der EG-Bauproduktenrichtlinie (89/106/EWG) erteilt wurde.

Die Übereinstimmung mit diesen Abschnitten berechtigt zur Annahme, dass die Mineralwolle, für die dieser Anhang gilt, für die hierin aufgeführten Verwendungszwecke geeignet ist; die Angaben in den Begleitinformationen zum CE-Zeichen sind zu beachten.

WARNUNG — Für werkmäßig hergestellte Produkte aus Mineralwolle, die in den Anwendungsbereich dieser Europäischen Norm fallen, können weitere Anforderungen und EG-Richtlinien, welche die Eignung für die vorgesehenen Verwendungszwecke nicht beeinflussen, gelten.

ANMERKUNG 1 Für Produkte, die in den Anwendungsbereich dieser Norm fallen, können zusätzlich zu den in dieser Europäischen Norm enthaltenen speziellen Abschnitten über gefährliche Stoffe, weitere Anforderungen gelten (z. B. umgesetzte europäische Gesetzesvorschriften sowie nationale Gesetze, Bestimmungen und Verwaltungsvorgaben). Um die Vorgaben der EG-Bauproduktenrichtlinie zu erfüllen, müssen auch diese Anforderungen, wo und wann immer sie anwendbar sind, erfüllt werden.

ANMERKUNG 2 Eine informative Datenbank europäischer und nationaler Vorschriften zu gefährlichen Stoffen steht auf der Bauprodukten-Website EUROPA zur Verfügung (Zugang über http://ec.europa.eu/enterprise/construction/internal/dangsub/dangmain.htm).

Dieser Anhang legt die Bedingungen für die CE-Kennzeichnung von Bauprodukten mit den in Tabelle ZA.1 angegebenen Verwendungszwecken fest, und führt die zutreffenden anwendbaren Abschnitte auf.

Dieser Anhang hat den gleichen Anwendungsbereich wie Abschnitt 1 dieser Norm und wird durch Tabelle ZA.1 definiert.

Bild 22: Beispiel eines Anhang ZA

Es informiert darüber, welche grundlegenden Anforderungen durch welche Abschnitte der Norm behandelt werden.

4.5.5.4 CE-Kennzeichnung

Die Buchstaben „CE“ erscheinen auf vielen Produkten, die auf dem erweiterten Binnenmarkt im Europäischen Wirtschaftsraum (EWR) in Verkehr gebracht werden. Nicht alle Produkte müssen eine CE-Kennzeichnung haben, sondern nur diejenigen, die unter die Richtlinien der Neuen Konzeption fallen (New Approach).

Die CE-Kennzeichnung ist weder ein Normenkonformitätszeichen noch ein Qualitätszeichen, sondern bestätigt die Erfüllung der grundlegenden Anforderungen in EU-Richtlinien und dient somit als Beleg für das ordnungsgemäße Inverkehrbringen eines Produktes im Binnenmarkt. Durch das Anbringen der CE-Kennzeichnung auf einem Produkt weist ein Hersteller die Konformität mit allen gesetzlichen Anforderungen zur Erlangung der CE-Kennzeichnung gegenüber Dritten nach.

Die CE-Kennzeichnung richtet sich an die für die Marktüberwachung zuständigen Behörden. Die Anbringung des CE-Zeichens darf nur durch den Hersteller oder durch seinen Bevollmächtigten erfolgen.

Umfassende Hinweise zur Umsetzung der EU-Produktvorschriften finden sich im sogenannten Blue Guide. http://ec.europa.eu/DocsRoom/documents/18027/

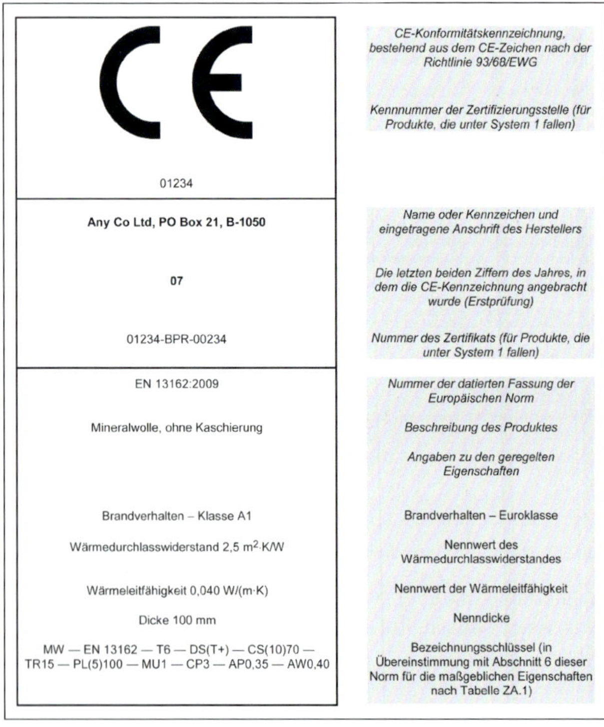

Bild 23: Beispiel für die Angaben zur CE-Kennzeichnung

4.5.5.5 Anhang ZB

Der Anhang ZB wird für zwei Anwendungen verwendet: 1) für die Information von besonderen nationalen Bedingungen und 2) im Falle einer A-Abweichung.

1) Besondere nationale Bedingungen

Informationen über besondere nationale Bedingungen werden in einem normativen Anhang zu der betreffenden EN gegeben. Eine besondere nationale Bedingung kann eine nationale Eigenschaft oder Praxis sein, die selbst innerhalb eines längeren Zeitraums nicht geändert werden kann, z. B. klimatische Bedingungen oder elektrische Erdungsbedingungen. Wenn sie die Harmonisierung beeinflusst, ist sie Bestandteil der EN oder des Harmonisierungsdokumentes. Für Länder, für die die betreffenden besonderen nationalen Bedingungen gelten, sind diese normativ; für die anderen Länder hat diese Angabe informativen Charakter.

2) A-Abweichung

EN-Normen sollen den freien Warenverkehr in Europa ermöglichen und Handelshemmnisse abbauen. Dafür werden EN-Normen von den CEN-Mitgliedsländern in ihr Normenwerk unverändert übernommen. Sollte dies nicht möglich sein, weil die EN nicht vollständig harmonisierte Bereiche (z. B. Dienstleistung, Qualifikations- oder Arbeitsschutzaspekte) anspricht, oder weil die EN in Widerspruch zu nationalen gesetzlichen Bestimmungen steht, wird eine A-Abweichung formuliert und durch CEN genehmigt. Die geltenden nationalen Normbestimmungen werden als Anhang veröffentlicht bzw. die Teile der Norm benannt, die innerhalb Deutschlands nicht gelten.

A-Abweichung

Änderung, Ergänzung oder Streichung im Inhalt einer EN (oder eines HD bei CENELEC), die eine nationale Situation widerspiegelt, welche auf Vorschriften beruht, deren Veränderung zum gegenwärtigen Zeitpunkt außerhalb der Kompetenz des nationalen CEN/CENELEC-Mitgliedes liegt

Anmerkung 1 zum Begriff: Bei Normen, die unter EU-Richtlinien oder Verordnungen fallen, folgt nach Ansicht der Kommission der Europäischen Gemeinschaften (ABl. Nr. C 59, 1982-03-09) aus dem Urteil des Europäischen Gerichtshofes im Fall 815/79 Cremonini/Vrankovich (Entscheidungen des Europäischen Gerichtshofes 1980, S. 3583), dass die Einhaltung der A-Abweichungen nicht mehr zwingend ist und dass der freie Verkehr von Waren, die einer solchen Norm entsprechen, innerhalb der EU nicht eingeschränkt werden sollte, es sei denn, dies wird aufgrund der entsprechenden Richtlinie oder Verordnung vorgesehene Schutzklausel-Verfahren erlaubt.

[QUELLE: CEN/CENELEC-Geschäftsordnung — Teil 2:2018, 2.16]

Auf eine A-Abweichung wird bereits im Nationalen Vorwort hingewiesen.

Informationen über bestehende A-Abweichungen werden in einem informativen Anhang zu der betreffenden EN gegeben. Obwohl die A-Abweichung in einem informativen Anhang enthalten ist, ist der Inhalt dieser für das betroffene Land normativ. Es wird stets folgender Hinweis gegeben: „Nationale Abweichung, die auf Vorschriften beruht, deren Veränderung zum gegenwärtigen Zeitpunkt außerhalb der Kompetenz des CEN/CENELEC-Mitglieds liegt.“

Gut zu wissen

Im Nationalen Vorwort besteht die Möglichkeit, auf besonders nationale Gegebenheiten hinzuweisen (z. B. klimatische Bedingungen). Diese gelten jedoch nicht als Abweichungen.

DIN EN 1176-1:2017-12
EN 1176-1:2017 (D)

Anhang I
(informativ)

A-Abweichungen

I.1 Allgemeines

A-Abweichung: Nationale Abweichung, die auf Vorschriften beruht, deren Veränderung zum gegenwärtigen Zeitpunkt außerhalb der Kompetenz des nationalen CEN/CENELEC-Mitglieds liegt.

Diese **Europäische Norm** fällt nicht unter eine EG-Richtlinie. In den betreffenden CEN/CENELEC-Ländern gelten diese A-Abweichungen anstelle der Festlegungen der **Europäischen Norm** so lange, bis sie zurückgezogen sind.

I.2 Frankreich

Nationale Regelung Dekret Nr. 96-1136 vom 18. Dezember 1996 legt Sicherheitsanforderungen an kommunale Spielplätze fest	
Unterabschnitt 4.2.8.5.3 Die Anforderungen von Unterabschnitt 4.2.8.5.3 dürfen in Frankreich nicht die Installation der jeweiligen Geräte auf einer Oberfläche ermöglichen, die keine stoßdämpfenden Eigenschaften hat, wie z. B. Bitumen, Beton, Schotter, Ziegel oder Steine.	Anhang II, 3, a) Dieser Teil des Dekrets besagt, dass „die Oberflächen, auf die Kinder bei Benutzung der Geräte fallen können, mit ausreichend stoßdämpfenden Materialien abgedeckt sein müssen“.

I.3 Deutschland

I.3.1 Allgemeines

In Deutschland sind die folgenden Abweichungen von dieser Norm bindend.

I.3.2 Stoßdämpfende Böden

Die Anforderungen an den Bodenbelag innerhalb der Aufprallfläche von Spielplatzgeräten und ihre Zuordnung zu Fallhöhen sind durch die deutsche nationale Gesetzgebung vorgegeben:

a) Spielplätze unterliegen als bauliche Anlagen dem deutschen Bauordnungsrecht. Die Einzelausgestaltung von baulichen Anlagen kann nur durch deutsche nationale Normen geschehen;

b) Gesetz zur Neuordnung der Sicherheit von technischen Arbeitsmitteln und Verbraucherprodukten (Artikel 1, Gesetz über die Bereitstellung von Produkten auf dem Markt [Produktsicherheitsgesetz — ProdSG]);

c) Festlegungen der Deutsche Gesetzlichen Unfallversicherungen (GUV).

Sie müssen daher, wie in Tabelle I.1 dargestellt, weiterhin erhalten bleiben.

Die Zuordnung des Bodenbelags zu den freien Fallhöhen stellt kein Handelshemmnis dar.

Bild 24: Beispiel einer A-Abweichung

4.6 Anmerkungen, Beispiele und Fußnoten

Auch Anmerkungen und Beispiele in Normen dienen zur Erleichterung des Verstehens des Dokumentes bzw. für deren leichtere Anwendbarkeit. Hierfür dürfen sie zusätzliche Informationen enthalten. Fußnoten geben zusätzliche Informationen, dürfen jedoch nur in begrenztem Umfang angewendet werden. Anmerkungen, Beispiele und Fußnoten im Text dürfen keine Anforderungen enthalten oder irgendwelche Informationen in Betracht ziehen, die für die Anwendung des Dokumentes erforderlich sind.

Gut zu wissen

Fußnoten zu Bildern und Tabellen dürfen Anforderungen enthalten.

4.7 Bilder und Tabellen

Bilder und Tabellen werden immer dann angewendet, wenn damit Informationen in leicht verständlicher Form vermittelt werden können.

Beim Bildmaterial ist darauf zu achten, dass es sich mitunter „nur“ um Prinzipskizzen handelt. Dieses wird in der Regel in der Bildunterschrift angegeben. Im Übrigen gelten für die Zeichnungen von Bildern bestimmte Anforderungen. So muss z. B. die Beschriftung in Bildern durch Positionsnummern ersetzt werden, deren Bedeutung in einer Legende erklärt wird. Dies dient dazu, dass bei Übersetzungen die Bilder nicht stets neu gezeichnet und in die jeweilige Landessprache übersetzt werden müssen, sondern lediglich die Legende übersetzt zu werden braucht.

In einigen Kreisen hat sich eine bestimmte Art von technischen Darstellungen durchgesetzt. In DIN-Normen gibt es jedoch internationale Normen (z. B. ISO 128 (alle Teile), ISO 129 oder ISO 6433), nach denen die technischen Zeichnungen gezeichnet werden müssen.

5 Sonderformen

Die nachfolgend beschriebenen Sonderformen sind nicht Teil des Deutschen Normenwerks. Im Gegensatz zur Normung ist die Standardisierung eine technische Regelsetzung ohne zwingende Einbeziehung aller interessierten Kreise und ohne die Verpflichtung zur Beteiligung der Öffentlichkeit. Spezifikationen des DIN (DIN SPEC) sind Ergebnisse einer Standardisierung.

5.1 Technische Spezifikation, TS (ehem. Vornorm)

Die Technische Spezifikation (ehemals Vornorm) ist das Ergebnis einer Normungsarbeit, die wegen bestimmter Vorbehalte zum Inhalt, wegen des gegenüber einer Norm abweichenden Erarbeitungsverfahrens (Aufstellungsverfahrens) oder mit Rücksicht auf die europäischen Rahmenbedingungen von DIN nicht als Norm herausgegeben wird. Gegenüber der Norm darf eine Entwurfsveröffentlichung entfallen, und die Technische Spezifikation bedarf nicht des Konsenses.

5.2 Technischer Report, TR (ehem. Fachbericht)

Der Technische Report (ehemals Fachbericht) ist das Ergebnis eines DIN-Arbeitsgremiums oder die Übernahme eines europäischen oder internationalen Arbeitsergebnisses, z. B. eines europäischen (CEN/TR) oder internationalen Technischen Berichtes (ISO/TR), einer internationalen öffentlich verfügbaren Spezifikation (ISO/PAS, IEC/PAS) oder eines europäischen oder internationalen Leitfadens. Mitunter wird ein Technischer Bericht von CEN und ISO getragen (CEN ISO/TR). Ein Technischer Report enthält Erkenntnisse bzw. Daten zur Information über den Stand der Normung in einem Gebiet.

Gut zu wissen

Eine Technische Spezifikation darf im Gegensatz zum Technischen Report Anforderungen enthalten.

5.3 Spezifikationen (DIN SPEC)

Die Gesamtheit aller Spezifikationen von DIN wird unter dem Oberbegriff DIN SPEC zusammengefasst und publiziert. Es werden folgende Arten von Spezifikationen unterschieden, die in den folgenden Abschnitten erklärt werden:

DIN SPEC (PAS)

DIN SPEC (CWA)

Alle Spezifikationen unterscheiden sich gegenüber der Norm in ihrem Aufstellungsverfahren und ihrem Grad an Konsens. Spezifikationen sind nicht Teil des Deutschen Normenwerkes.

Kennzeichnend für die Bezeichnung von Spezifikationen sind:

1) das Zeichen **DIN**
2) der Titel „DIN SPEC"
3) die SpezifikationsNummer
4) das Ausgabedatum
5) die Art der Verfahrensregel (d. h., ob es sich um eine Vornorm, einen Fachbericht, eine PAS oder ein CWA handelt).

5.4 DIN SPEC (PAS)

Die DIN SPEC (PAS) ist eine öffentlich verfügbare Spezifikation (PAS, Publicly Available Specification), die Produkte, Systeme oder Dienstleistungen beschreibt, indem sie Merkmale definiert und Anforderungen festlegt.

Mai 2010

DIN SPEC 1041 DIN

ICS 03.080.20

Outsourcing technologieorientierter wissensintensiver Dienstleistungen

Outsourcing of Technology driven Knowledge-Intensive Business Services

L'externalisation des services technologiques fondés sur la connaissance

Zur Erstellung einer DIN SPEC können verschiedene Verfahrensweisen herangezogen werden:
Das vorliegende Dokument wurde nach den Verfahrensregeln einer PAS erstellt.

Bild 25: Beispiel einer DIN SPEC (PAS) (Auszug)

5.5 DIN SPEC (CWA)

Die DIN SPEC (CWA – CEN Workshop Agreement) ist eine nationale Übernahme einer CEN/CENELEC-Vereinbarung, die innerhalb offener CEN/CENELEC-Workshops entwickelt wird und den Konsens zwischen den registrierten Personen und Organisationen widerspiegelt, die für den Inhalt verantwortlich sind. Sie dürfen untereinander konkurrieren, dürfen jedoch nicht im Widerspruch zu Europäischen Normen oder Europäischen Entwürfen stehen.

5.6 Beiblatt

Ein Beiblatt enthält Informationen zu Normen (z. B. Erläuterungen, Beispiele, Anmerkungen, Ratschläge, Anwendungshilfsmittel), jedoch keine zusätzlichen normativen Festlegungen. Die Festlegungen der Norm – auf die sich das Beiblatt bezieht – dürfen wiederholt werden, damit die Informationen darauf bezogen werden können.

Beiblätter sind nicht Teil des Deutschen Normenwerkes. Deswegen entfällt auch auf der Titelseite die Angabe „Deutsche Norm".

Beiblätter zu einer DIN-Norm werden wie DIN-Normen gestaltet. Kennzeichnend für die Bezeichnung von Beiblättern sind:

❶ das Zeichen **DIN**

❷ die Ergänzung „Beiblatt" zum Titel „DIN"

❸ die Normennummer der DIN, zu der das Beiblatt hinzuzuzählen ist

❹ das Ausgabedatum

❺ der besondere eingerahmte Hinweis

Zu Beiblättern dürfen auch Entwürfe veröffentlicht werden. Sie dürfen auch für alle DIN-Normen (DIN, DIN EN, DIN ISO, DIN EN ISO usw.) herausgegeben werden. Zu einer DIN-Norm dürfen mehrere Beiblätter herausgegeben werden.

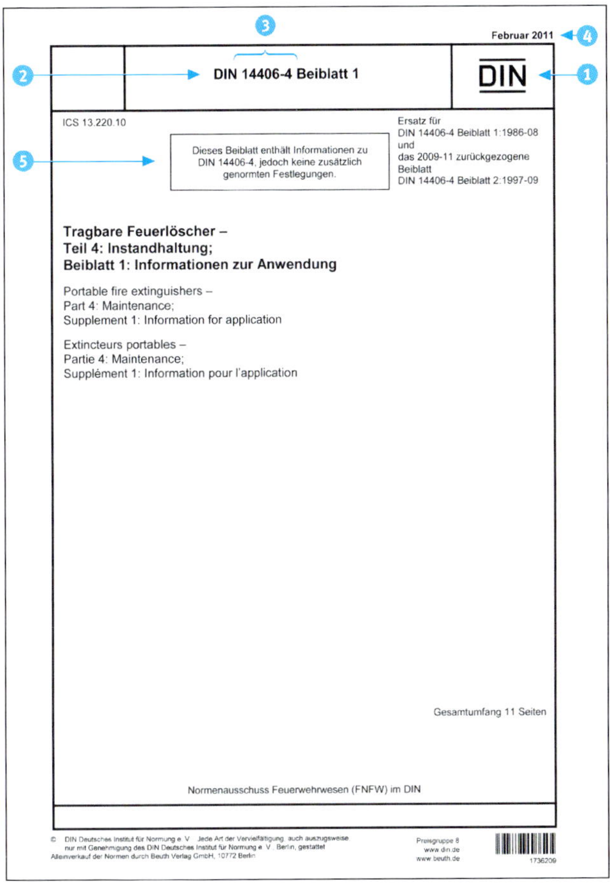

Februar 2011

DIN 14406-4 Beiblatt 1

DIN

ICS 13.220.10

Dieses Beiblatt enthält Informationen zu DIN 14406-4, jedoch keine zusätzlich genormten Festlegungen.

Ersatz für
DIN 14406-4 Beiblatt 1:1986-08
und
das 2009-11 zurückgezogene Beiblatt
DIN 14406-4 Beiblatt 2:1997-09

Tragbare Feuerlöscher –
Teil 4: Instandhaltung;
Beiblatt 1: Informationen zur Anwendung

Portable fire extinguishers –
Part 4: Maintenance;
Supplement 1: Information for application

Extincteurs portables –
Partie 4: Maintenance;
Supplément 1: Information pour l'application

Gesamtumfang 11 Seiten

Normenausschuss Feuerwehrwesen (FNFW) im DIN

© DIN Deutsches Institut für Normung e. V. Jede Art der Vervielfältigung, auch auszugsweise nur mit Genehmigung des DIN Deutsches Institut für Normung e. V., Berlin, gestattet
Alleinverkauf der Normen durch Beuth Verlag GmbH, 10772 Berlin

Preisgruppe 8
www.din.de
www.beuth.de

1736209

Bild 26: Beispiel eines Beiblattes

6 Rechtliche Aspekte

Die in den vorangegangenen Abschnitten enthaltenen Hinweise sind nicht abschließend. Die Abschnitte stehen unter dem Gesichtspunkt, dass jedermann sich so verhalten muss, dass er deliktsrechtlich geschützte Rechtsgüter eines anderen nicht verletzt. Sie enthalten grundsätzliche Hinweise an

- denjenigen, der die Norm anwendet,
- denjenigen, der an der Aufstellung der Norm beteiligt ist,

damit nicht die Anwendung von DIN-Normen zu einer Verletzung der durch § 823 Abs. 1 BGB geschützten Rechtsgüter führt.

6.1 Grundsätzliche Hinweise an denjenigen, der die Norm anwendet

Jeder deliktsfähige Mensch hat sein Handeln (Tun und Unterlassen) selbst zu verantworten. Der Anwender einer DIN-Norm ist davon nicht ausgenommen. Daher wird er beim Anwenden einer DIN-Norm insbesondere beachten müssen, dass

1) er das für das richtige Anwenden der Norm erforderliche Verständnis besitzt (DIN-Normen sind nicht für Laien gedacht; eine vergleichbare Situation besteht bei Rechtsnormen, für deren richtiges Anwenden der Gesetzgeber ebenfalls allgemeine und spezielle Rechtskenntnisse voraussetzt) sowie die Verwendung der Verbformen nach den Gestaltungsregeln (DIN 820-2:2020-03, Abschnitt 7) kennt, um zwischen Anforderung, Empfehlung, Zulässigkeit und Möglichkeit unterscheiden zu können,
2) die Norm nicht einzige, sondern nur eine Erkenntnisquelle für technisch ordnungsgemäßes Verhalten im Regelfall ist,
3) die Regeln für das Aufstellen der DIN-Normen zwar das Berücksichtigen des Standes der Technik verlangen, diese Forderung aber schon wegen der fortwährenden Weiterentwicklung in der Technik äußerst schwer zu realisieren ist,
4) das Ergebnis einer Gemeinschaftsarbeit sich nicht für das Befriedigen von Höchstansprüchen eignet,
5) sich das Anwenden der Norm wider besseres eigenes Wissen verbietet (z. B. wegen einer fehlerhaften technischen Angabe in einer Norm; wegen möglicher Verletzung von Rechten anderer, insbesondere gewerblicher Schutzrechte; wegen möglichen Verstoßes gegen Rechtsvorschriften).

6.2 Grundsätzliche Hinweise an denjenigen, der am Erstellen der Norm beteiligt ist

Jeder in den DIN-Normungsgremien tätige Experte muss über ausreichende einschlägige Kenntnis von DIN 820-1 und DIN 820-4 verfügen und sein Verhalten dementsprechend einrichten. Er muss nach bestem Wissen und Gewissen in geeigneter Weise insbesondere darauf hinwirken, dass die miterarbeitete DIN-Norm im Rahmen des bestimmungsgemäßen und vorher-sehbaren Anwendens (Anwendungsbereich siehe DIN 820-2:2020-03, Abschnitt 14)

1) dem Nutzen der Allgemeinheit (in sich keine allgemeinen Schaden stiftende Neigung trägt) dient (siehe DIN 820-1: 2014-06, Abschnitt 4),
2) nicht zu einem Bevorteilen Einzelner – und daraus folgend zu einem entsprechenden Benachteiligen anderer – führt (siehe DIN 820-1:2014-06, Abschnitt 4),
3) für jedermann anwendbar ist, siehe DIN 820-1:2014-06, 7.7 und 8.1 (d. h. auch, dass sie verständlich sein muss, siehe DIN 820-1:2014-06, 7.6, und nicht in Widerspruch zu anderen DIN-Normen, siehe DIN 820-1:2014-06, 7.5 und DIN 820-4:2014-06, Abschnitt 10 (bzw. E DIN 820-4:2019-08, Abschnitt 10) und Rechts- und Verwaltungsvorschriften, siehe DIN 820-1: 2014-06, 7.4) steht,
4) nicht dazu führt, dass gewerbliche Schutzrechte (Patente, Gebrauchsmuster, Geschmacksmuster, Marken) verletzt werden (siehe DIN 820-1:2014-06, 7.9 und 7.10),
5) nicht zur Folge hat, dass Menschen und Sachen gefährdet werden (Normung dient der Sicherheit von Menschen und Sachen, siehe DIN 820-1:2014-06, Abschnitt 4; Normen mit sicherheitstechnischem Inhalt dürfen keine Festlegungen enthalten, die das angestrebte Sicherheitsziel beeinträchtigen, siehe DIN 820-1:2014-06, 7.8, Absatz 2; Normen bilden einen Maßstab für einwandfreies technisches Verhalten, siehe DIN 820-1:2014-06, 8.1; Normen haben den jeweiligen Stand von Wissenschaft und Technik zu berücksichtigen, siehe DIN 820-1: 2014-06, 7.7).

6.3 Zusätzliche Hinweise

1) Eine Pflicht zum Anwenden der DIN-Normen kann sich aufgrund von Rechts- und Verwaltungsvorschriften sowie aufgrund von Verträgen oder aus sonstigen Rechtsgründen ergeben. Die als normgerecht angebotenen Erzeugnisse müssen nicht nur den in der Norm festgelegten Anforderungen entsprechen, z. B. maßgerecht sein, sie sollten auch

sicherheitstechnisch unbedenklich sein und den handelsüblichen Gebrauchsanforderungen genügen.

2) Nur die jeweils neueste Ausgabe einer Norm sollte angewendet werden. Über geplante, laufende und abgeschlossene Normungsarbeiten in den einzelnen Fachgebieten auf nationaler, regionaler und internationaler Ebene sowie über Übersetzungen von Deutschen Normen wird in der Zeitschrift „DIN-Mitteilungen + elektronorm", dem monatlich erscheinenden Zentralorgan der deutschen Normung, berichtet. Im DIN-Anzeiger für technische Regeln, der ständigen Beilage dieser Zeitschrift, werden Veränderungen im Deutschen Normenwerk, in der europäischen und in der internationalen Normung angezeigt. Ungültige, zurückgezogene Normen sollten nicht angewendet werden und sind im Allgemeinen beim Beuth Verlag GmbH nicht mehr erhältlich. Werden sie in Sonderfällen, z. B. bei Ersatzbestellungen eines nach alter, zurückgezogener Norm gefertigten Produktes, angewendet, ist zweckmäßigerweise anzugeben: „nach der früheren Norm DIN ... Ausgabe". Die Hersteller genormter Erzeugnisse werden gebeten, ihre Produktion bei Zurückziehung einer Norm jeweils umzustellen und – sofern keine Übergangsregelungen getroffen sind – Besteller darauf hinzuweisen, wenn deren Bestellung eine veraltete Norm zugrunde liegt.

3) Weil der Norm-Entwurf nicht die endgültige Fassung der Norm ist, wird ausdrücklich darauf aufmerksam gemacht, dass bei der Anwendung des Norm-Entwurfes Nachteile eintreten können. Soll ausnahmsweise nach einem Norm-Entwurf gearbeitet werden, so muss das zwischen den Vertragspartnern vereinbart werden.

4) Eine Norm – in ihrer jeweiligen Fassung als Erstausgabe oder Folgeausgabe – gilt mit dem Zeitpunkt ihrer Verkaufsfreigabe durch den Beuth Verlag als erschienen. Dieser Tag ist das „Erscheinungsdatum", das nicht dem Datum des Verabschiedens der Norm durch das zuständige DIN-Arbeitsgremium entspricht. Abgesehen von Sonderfällen wird das Erscheinungsdatum in den Monat fallen, der als Ausgabedatum auf der Norm (über dem Nummernfeld) angegeben ist.

5) Der Umfang einer Norm kann – selbst bei ähnlichen Gegenständen – sehr verschieden sein. Er wird nach Gesichtspunkten der Fertigung, der Anwendung usw. festgelegt. Eine Norm enthält selten alle für den Gegenstand benötigten Angaben. In solchen Fällen muss, um Rückfragen bei Bestellungen zu vermeiden, jeweils geprüft werden, ob ergänzende Angaben in anderen Normen enthalten sind oder vom Auftraggeber beim Bestellen (nicht in die DIN-Bezeichnung einzubeziehen) besonders festgelegt werden sollten.

6) Bildliche Darstellungen auf Normen brauchen nicht maßstabgerecht zu sein; Maße sollten deshalb nicht aus der Darstellung abgegriffen werden. Die vielleicht bei unvollständig bemaßten Darstellungen stehenden Hinweise darauf, dass für nicht angegebene Maße gewisse Einzelheiten oder Formen, gegebenenfalls unter Berücksichtigung sonstiger Bestimmungen, noch festzulegen sind, müssen vom Anwender der Norm beachtet werden.

7) Werkstoffangaben für genormte Erzeugnisse beziehen sich entweder nur auf eine bestimmte Werkstoffsorte oder auf mehrere wahlweise verwendbare Werkstoffsorten, -gruppen oder -arten. Sind mehrere Werkstoffe zur Wahl gestellt, dann muss im Allgemeinen der Auftraggeber die von ihm gewünschte Werkstoffangabe in die DIN-Bezeichnung für das betreffende Erzeugnis einsetzen. Die ergänzenden Zusätze zu Werkstoffangaben „nach Wahl des Herstellers“ oder/und „nach Vereinbarung“ sind so zu verstehen, dass es dem Hersteller freigestellt ist, eine geeignete Stoffsorte zu verwenden, oder dass es einer Vereinbarung zwischen Auftraggeber und Auftragnehmer darüber bedarf, welche Stoffsorte zu verwenden ist. Als unzweckmäßig hat sich erwiesen, das Anwenden der Norm hinsichtlich des Werkstoffes mehr als notwendig einzuengen, weil die Werkstoffangabe in erster Linie ein Leistungsverlangen und kein Herstellrezept sein soll.

8) Sinngemäß gilt dies auch für Ausführungsangaben.

7 Glossar der Abkürzungen

CD	Committee Draft
CEN	Europäisches Komitee für Normung (französisch: Comité Européen de Normalisation) Das Europäische Komitee für Normung (CEN) bietet eine Plattform für die Entwicklung europäischer Normen und anderer technischer Dokumente. Mitglieder sind die nationalen Normungsgremien von 33 europäischen Ländern.
CENELEC	Europäisches Komitee für elektrotechnische Normung (französisch: Comité Européen de Normalisation Electrotechnique) Das Europäische Komitee für elektrotechnische Normung (CENELEC) ist für die Normung auf dem Gebiet der Elektrotechnik zuständig.
CCMC	CEN/CENELEC Managementzentrum
Cor.	Corrigendum (internationale Berichtigung)
CWA	CEN/CENELEC Workshop Agreement
DIN	Deutsches Institut für Normung e.V.
DIS	Draft International Standard (internationaler Norm-Entwurf)
EC	Europäische Kommission
EN	Europäische Norm
ETSI	Das Europäische Institut für Telekommunikationsnormen (ETSI) erarbeitet weltweit anwendbare Normen für die Informations- und Kommunikationstechnologie (ICT). Diese Normen umfassen auch Festnetz-, Mobil-, Funk-, Konvergenz-, Rundfunk- und Internettechnologien.
FDIS	Final Draft International Standard (internationaler Schluss-Entwurf)
FprEN	Europäischer Schluss-Entwurf
FV	Formal Vote (Schlussabstimmung über einen europäischen Norm-Entwurf)
IS	International Standard
ISO	Internationale Organisation für Normung (englisch: International Organization for Standardization)

NA	Normenausschuss
NSBs	Nationale Normungsgremien
NWI	New Work Item (neues Normungsvorhaben)
NWIP	New Work Item Proposal (Vorschlag für ein neues Normungsvorhaben)
prEN	Europäischer Norm-Entwurf
prTR	Europäischer, technischer Berichts-Entwurf
prTS	Europäischer, technischer Spezifikations-Entwurf
PWI	Preliminary Work Item (vorläufiges Norm-Projekt)
SC	Unterkomitee (englisch: Subcommittee)
TC	Technisches Komitee (englisch: Technical Committee)
TR	Technical Report
TS	Technical Spezifikation
UAP	Einstufiges Annahmeverfahren
WD	Working Draft
WI	Work Item (Norm-Projekt)
WG	Working Group (Arbeitsgruppe)